예수그리스도가 하나님이심을
부정하는 모든 논쟁을 잠재운 이야기

인카네이션
incarnation

구성 김원민 그림 은부밀

보물지도

뭣들 하느냐
당장 끌어내라!
와아아아아
와아~
잡아 죽여라.
제우스 신과 아폴론
신 앞에 무릎 꿇지
않는 자의
최후가 어떠한지
깨닫게 되리라.
와아아
오직
제우스만이
경배를 받아야
마땅하니라!!

와아아
우리의 거룩한 신 제우스와 아폴론을 모욕한 벌레보다 못한 놈들을 당장 끌어 내라!!
지금이라도 헛된 신앙을 버리고 제우스를 섬기겠는가?
로마의 시민들이여... 오늘 우리의 육체를 당신들의 손에 맡기게 되었군요!

오늘 우리들의 영혼은 하나님 품에 안길 것입니다. 그러나 당신들의 영혼은 어찌될 것입니까?
당신들의 손으로 만든 보잘것 없는 신이 당신들을 구원할 수 있다고 착각하지 마십시오!
저...저런 괘씸한~~
당신들의 영혼을 구원하기 위해 이 땅에 인간의 모습으로 오신 하나님! 곧 예수 그리스도를 믿으시오!

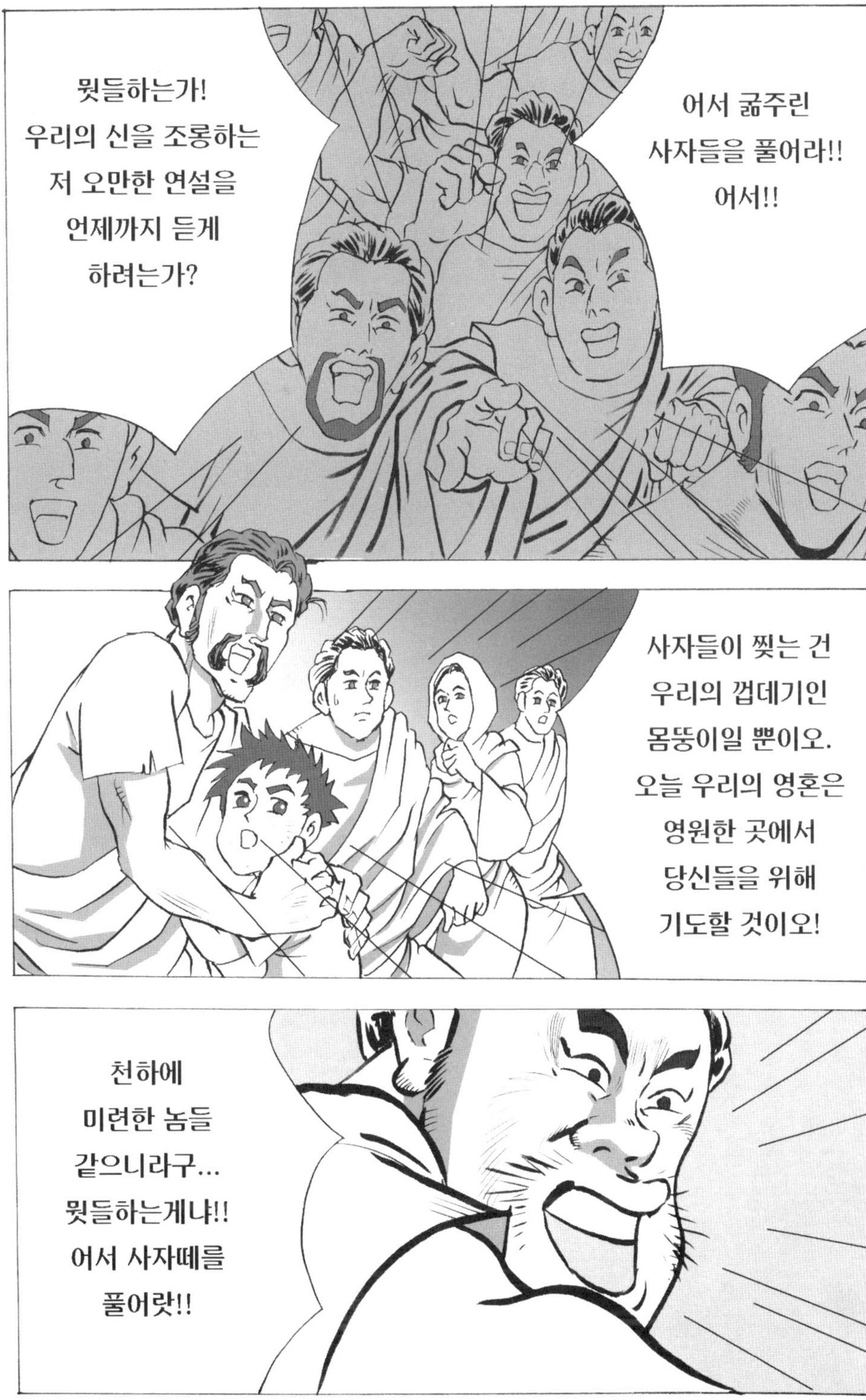
뭣들하는가!
우리의 신을 조롱하는
저 오만한 연설을
언제까지 듣게
하려는가?
어서 굶주린
사자들을 풀어라!!
어서!!
사자들이 찢는 건
우리의 껍데기인
몸뚱이일 뿐이오.
오늘 우리의 영혼은
영원한 곳에서
당신들을 위해
기도할 것이오!
천하에
미련한 놈들
같으니라구...
뭣들하는게냐!!
어서 사자떼를
풀어랏!!

크
우
어

예수님께선
육신을 죽이는 자들을
두려워하지 말라고
하셨습니다.
잠시 잠깐의 고통이
지나면 우리에게 영원한
하나님의 나라가
예비되어 있습니다.
우리를 반겨주실 성부,성자,
성령님을 찬양합시다.

오 주여...
여호와는 나의 목자시니
내가 부족함이 없으리로다...
그가 나를
푸른 초장에 누이시며
쉴만한 물가로
인도하시는도다...
굶주린 사자들이여
포식하라!
저들의 신 하나님이
곤경에 처한 저들을
구하는가 보라...
카하하하하핫!!
내가 사망의
음침한 골짜기로
다닐찌라도...

크워엉
주여!
구원하소서!!
커어억…
주여…
제 영혼을
받아주소서…
크억
크워억

크하하하핫
꼴 좋도다!!
과연 너희들의
신이 정녕 계시더냐?
이 천하에
어리석은 것들아
카하하하하하!
오 주여!
콰악
주여…
저들을
불쌍히
…
주여
제 영혼을
받아..
크워어어

촤아아아아아

촤아아
촤아아아아

오 주여…
주님의 나라에
이르게 하소서…
차아아아아
주여…
저에게 안식을
허락하소서…
너무나
고통스럽습니다.
차아
끄으으…
오 주여
제발 제 생명을
거두소서…
제 영혼을
취하소서…
끄으으..
차아아아아

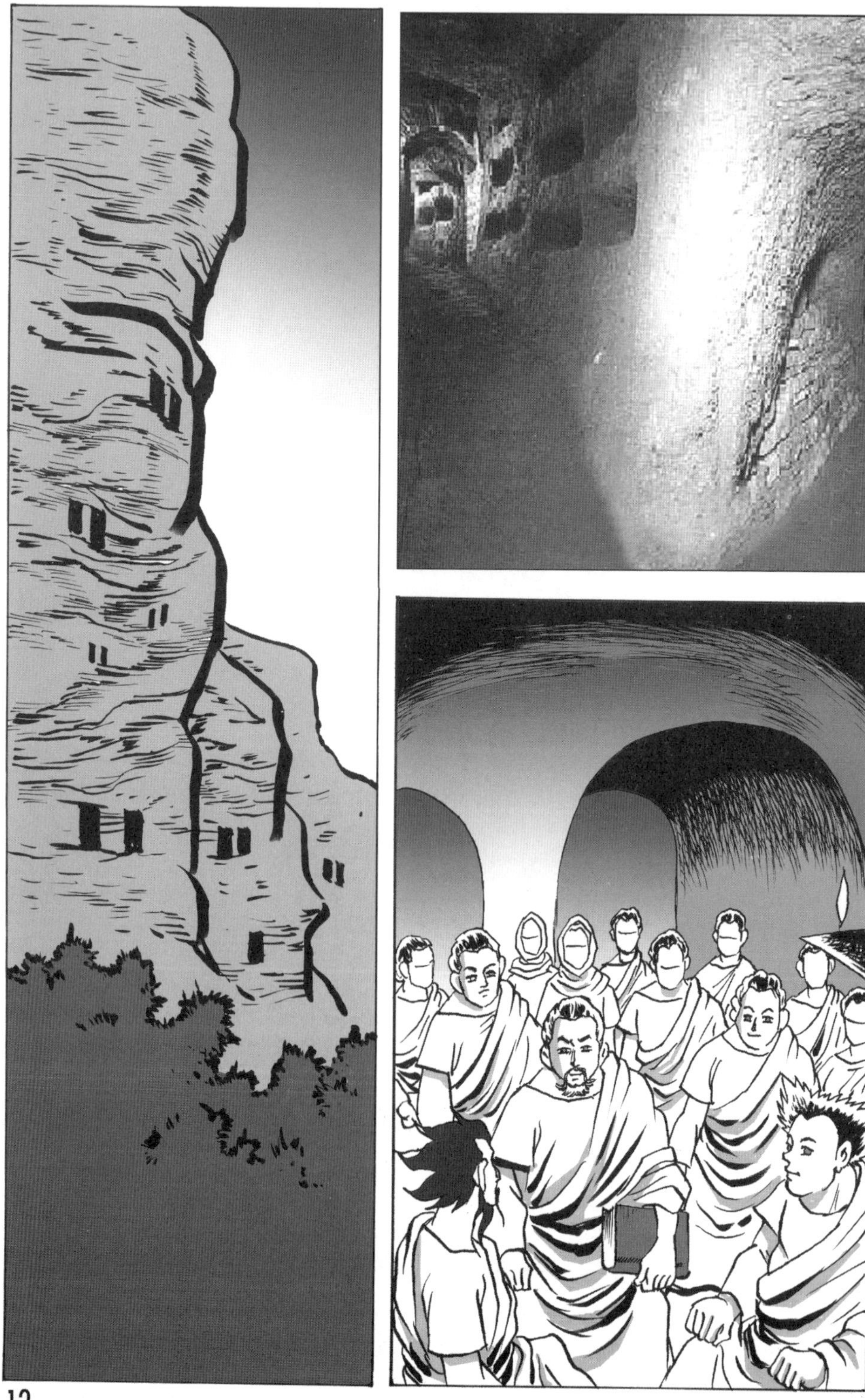

...결국 그들도 돌아 오지 못하는군요.
로마 군인들의 경계가 부쩍 심하더니 기어코 무슨 변을 당하고야 만 모양입니다.
식량을 구하기 위해 죽음을 무릅쓰고 시내로 간 형제님들이야 말로 진정한 하나님의 자녀들입니다.
...친구를 위하여 목숨을 버릴 수 있다면 그보다 더 큰 사랑이 없다고 하였소...
...조만간 이 곳도 로마 군인들이 쳐들어 올 것이 분명합니다.

이 곳은 하나님이 우리를 보호하시기 위한 최고의 피난처요. 너무 두려워 마시오 형제님.
설령... 그들이...
우리를 죽인다 해도 죽음을 두려워 해선 안됩니다.
스윽
죽음은 영원한 천국으로 가는 하나의 관문일 뿐입니다. 저 천국에 소망을 둔 사람이라면 기쁨으로 죽음을 맞이할 수 있어야 합니다. 하나님께 예배 드립시다.

모세가 광야에서 뱀을 든 것 같이 인자도 들려야 하리니 이는 저를 믿는 자마다 영생을 얻게 하려 하심이니라.
...모세가 나무에 매 단 구리뱀을 쳐다 본 자마다 죽임을 당하지 않은 것처럼 십자가에 달린 예수님을 바라보는 자들은 누구나 살리라는 큰 약속이십니다.

여러분들이 이 예수님을 믿고 용서하심을 받는다면 성령의 하나님께서 여러분들을 끝까지 지켜 주실 것입니다.

주여...우리의 영혼을
주님께 의지합니다.
아멘 아멘...
오 주여 감사합니다.
여호와는 나의 목자시니
내가 부족함이 없으리로다
그가 나를
푸른 초장에
누이시며
쉴만한 물가로
인도하시는도다.
내 영혼을
소생시키시고
자기 이름을 위하여
의의 길로
인도하시는도다.

내가 사망의 음침한
골짜기로 다닐찌라도
해를 두려워하지 않을 것은
주께서 나와 함께 하심이라

주의 지팡이와 막대기가
나를 보호하시나이다
아멘 아멘
아멘

하나님이여!
이 전쟁에서 이길 승산이 없습니다…
용사들의 병력으로나 용맹성과 사기면에서
우세한 것이 하나도 없습니다.

막센티우스는 선전포고를 했습니다.
좋든 싫든 전쟁은 시작되었습니다.
이 전쟁에서 진다면 우리 제국은
독재자 막센티우스의 손에
넘어갈 수 밖에 없습니다.

위대하신 하나님이시여!
만일 이 전쟁에서 승리케 하신다면
우리 로마 제국은 예수 그리스도의
가르침만을 선포하며 따르겠습니다.

지휘관들을
모두
소집시켰습니다.
이 전쟁은
우리의 것이니라!
병사들의 방패에
이 문양을
새겨 넣도록
하라 !!
A P ω

저건
무슨 뜻이지?
글쎄...
아리송 한걸?
신은 이 전쟁을
우리에게 주셨다.
우리는
그리스도의 이름으로
독재자 막센티우스를
몰아 내고
로마를 통일하게
될 것이다!
가만...그러고 보니
헬라어의
그리스도라는
글자의 앞, 두 글자로
만든 모양이로군!
!
그리스도란
유대인들이
하나님의
아들이라고
믿는 그 젊은이를
말하는건가?
그래...
그 자는 인간의
모습으로 오신
하나님
이시라던데!

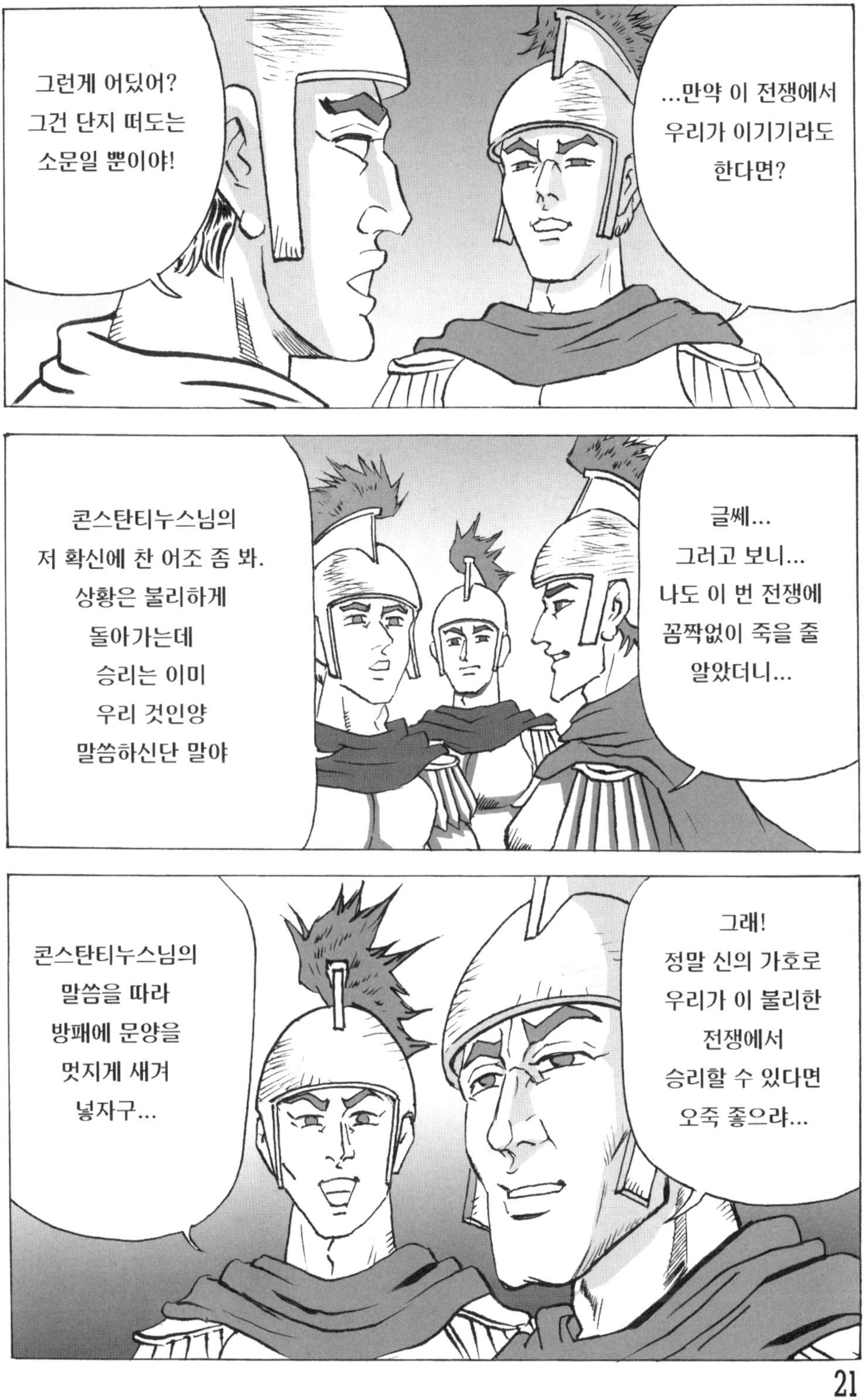
그런게 어딨어? 그건 단지 떠도는 소문일 뿐이야!
...만약 이 전쟁에서 우리가 이기기라도 한다면?
콘스탄티누스님의 저 확신에 찬 어조 좀 봐. 상황은 불리하게 돌아가는데 승리는 이미 우리 것인양 말씀하신단 말야
글쎄... 그러고 보니... 나도 이 번 전쟁에 꼼짝없이 죽을 줄 알았더니...
콘스탄티누스님의 말씀을 따라 방패에 문양을 멋지게 새겨 넣자구...
그래! 정말 신의 가호로 우리가 이 불리한 전쟁에서 승리할 수 있다면 오죽 좋으랴...

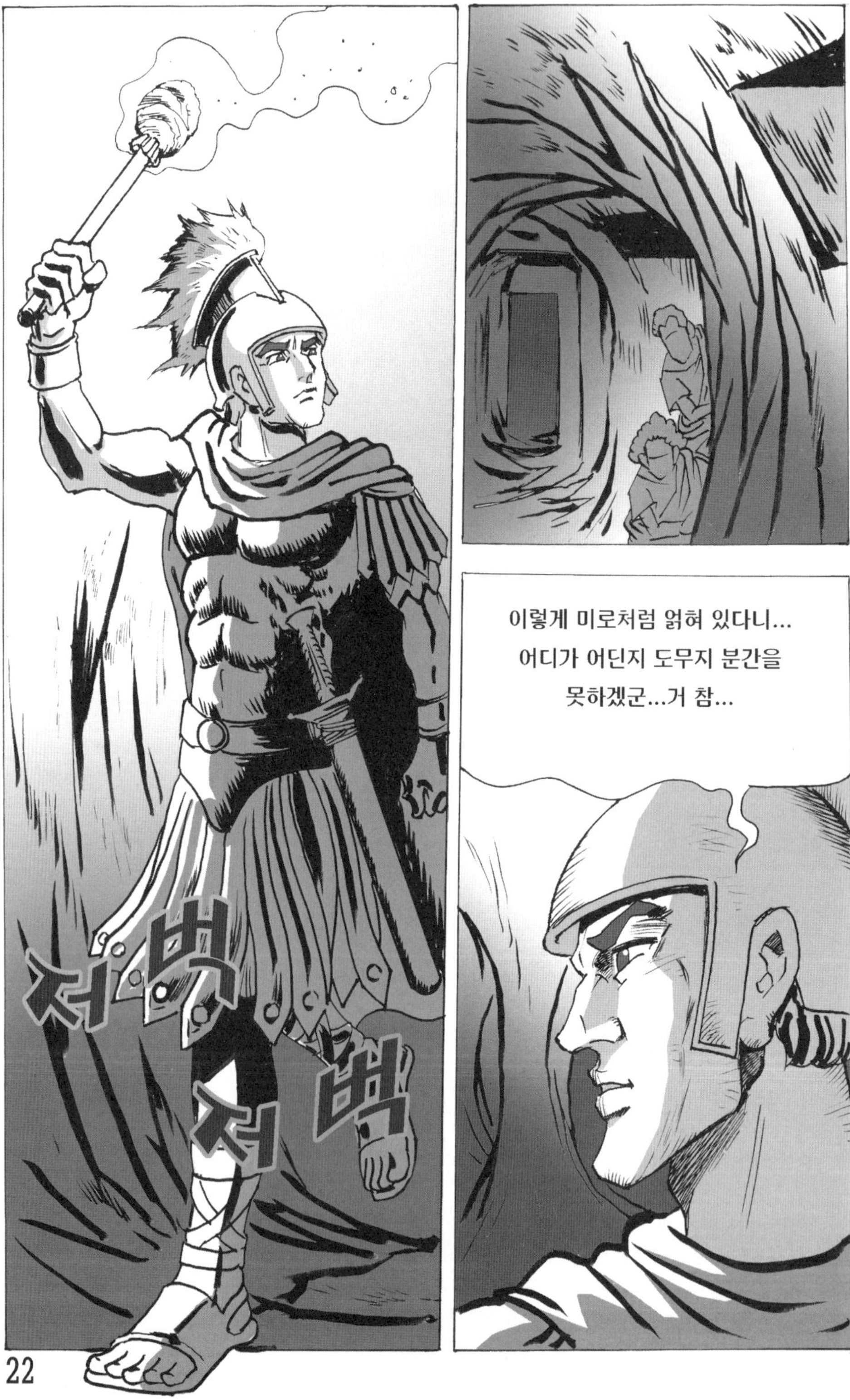
저벅
저벅
이렇게 미로처럼 얽혀 있다니...
어디가 어딘지 도무지 분간을
못하겠군...거 참...

도대체 언제까지
내 꽁무니만 미행하며
감시할 작정인가?
썩 모습을 드러내랏!
로마의 군인인
당신이야말로
도대체 이 곳엔
무슨 일로 온 거요?

당신들...
기독교인들 맞소?
...그렇소만
...대체 무슨 일이오?
당신들의 지도자를
만나러 왔소.
안내해 주시오!
지금 제 정신으로 하는 소리요?
당신이 악명높은 로마의 군인이란 걸
모를 줄 안단 말이오?
하하하하... 아직도 세상이
어떻게 돌아가는 줄 모르시는 모양이군!

뭘 모른다는거요? 세상이 뒤집어 지기라도 했소?
로마제국은 이제 당신들의 세상이 되었소.
우리들 세상? 그게 대체 무슨 소리요?
로마를 통일한 콘스탄틴 대제가 기독교를 공인했소!
당신… 머리가 어떻게 된 것 아니오?
어떤 나라보다도 기독교인들을 가장 잔인하게 핍박하던 제국이 기독교를 공인했다고?

이제 로마엔 당신들과 같은 사람들이 필요하오. 지금 로마에는 기독교에 대해 체계적으로 가르칠 사람들이 턱없이 부족하오.
실없는 농담 그만하고 썩 돌아 가시오. 당신들에게 가족을 잃은 신자들과 부딪히면 어떤 변을 당할지 장담 못하겠소.
난 콘스탄틴 대제의 특별한 명령을 받고 왔소. 대제께선 당신들의 도움을 간절히 기다리고 계시오!
당신들의 허락을 받기 전에는 되돌아 갈 수 없소. 부디 당신들의 지도자를 만나게 해 주시오!

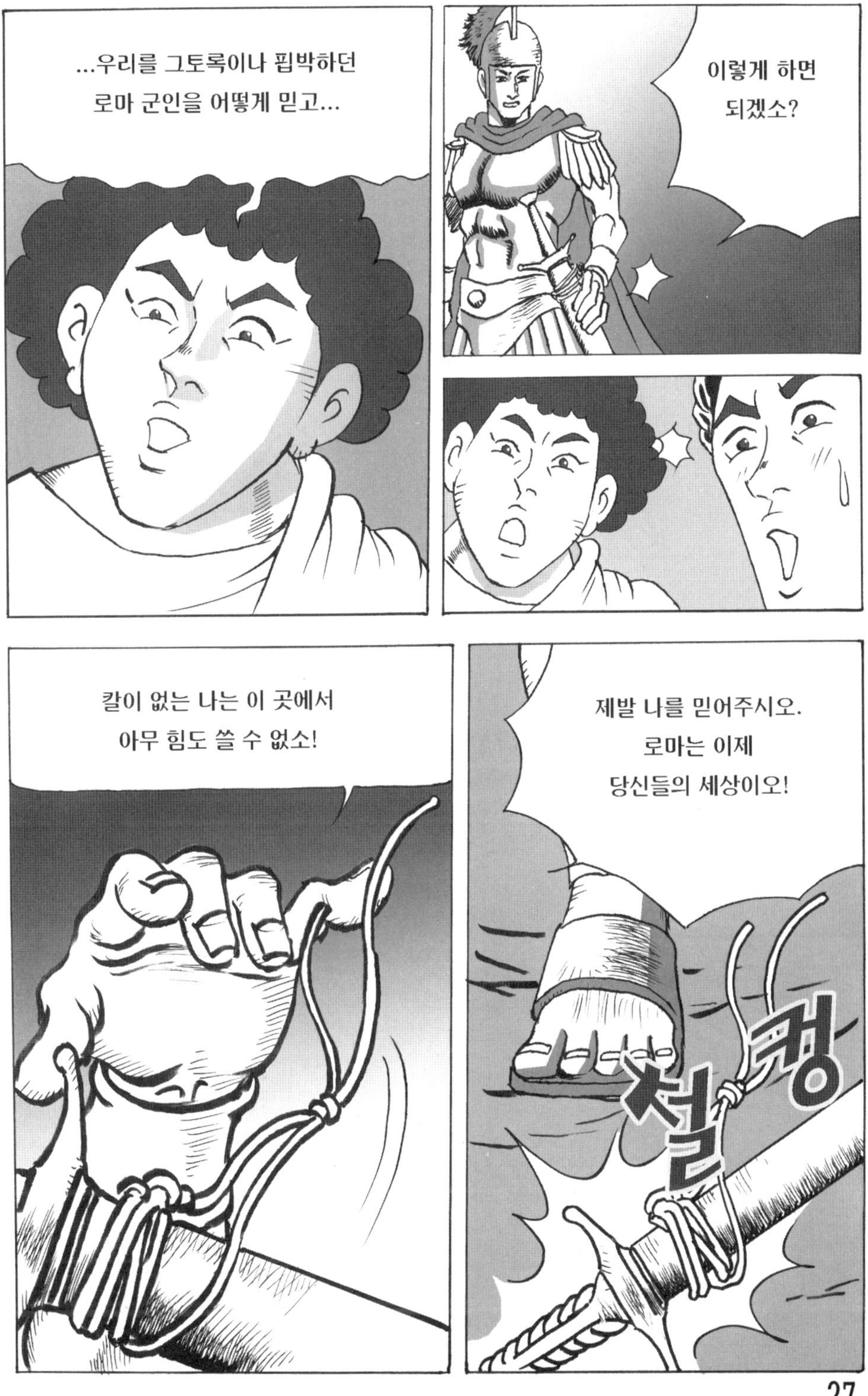
...우리를 그토록이나 핍박하던 로마 군인을 어떻게 믿고...
이렇게 하면 되겠소?
칼이 없는 나는 이 곳에서 아무 힘도 쓸 수 없소!
제발 나를 믿어주시오. 로마는 이제 당신들의 세상이오!
철컹

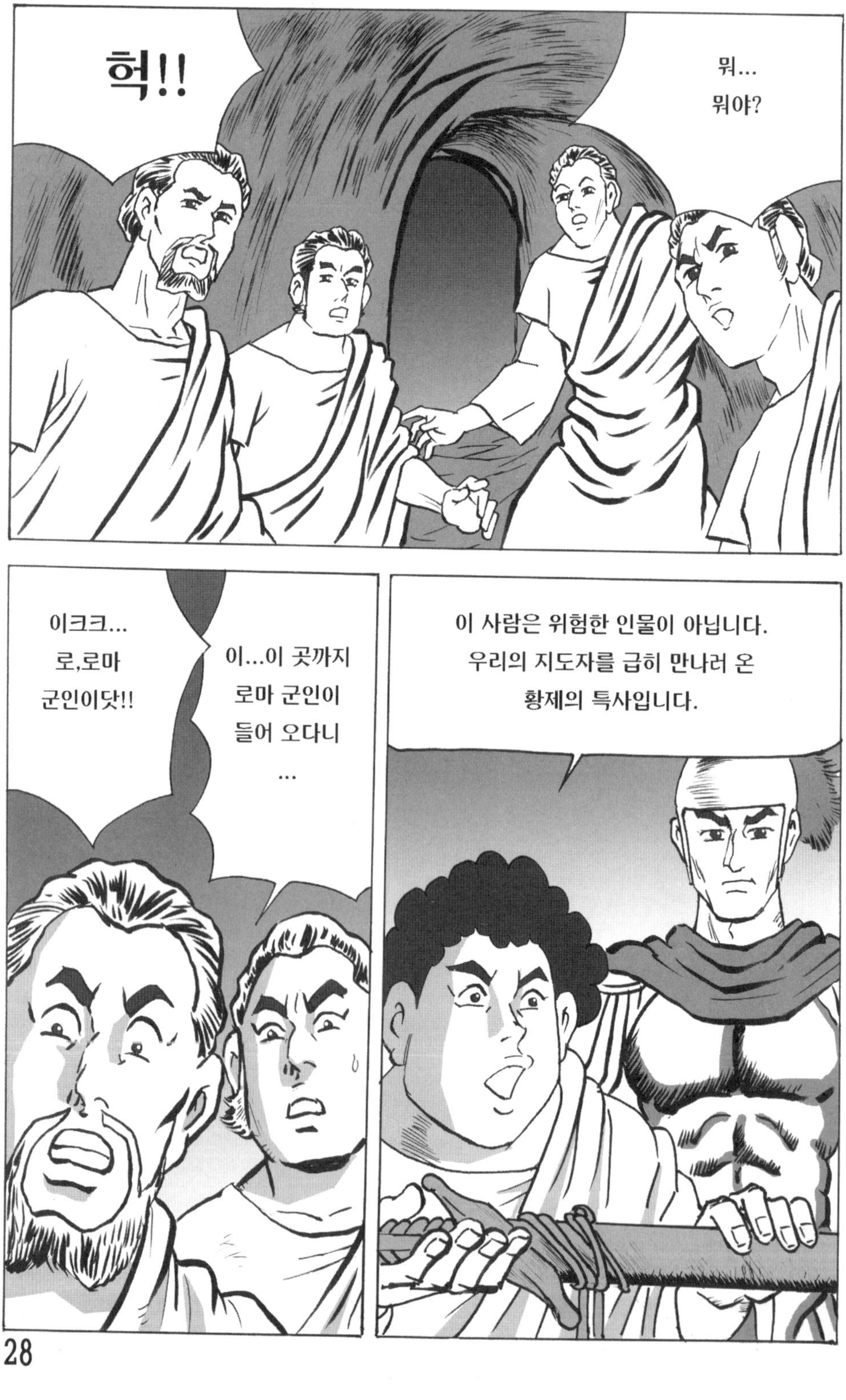
헉!!
뭐...
뭐야?
이크크...
로,로마
군인이닷!!
이...이 곳까지
로마 군인이
들어 오다니
...
이 사람은 위험한 인물이 아닙니다.
우리의 지도자를 급히 만나러 온
황제의 특사입니다.

콘스탄틴 대제께서
서로마 제국의 독재자
막센티우스를
몰아내고
기독교를 정식으로
공인했습니다.

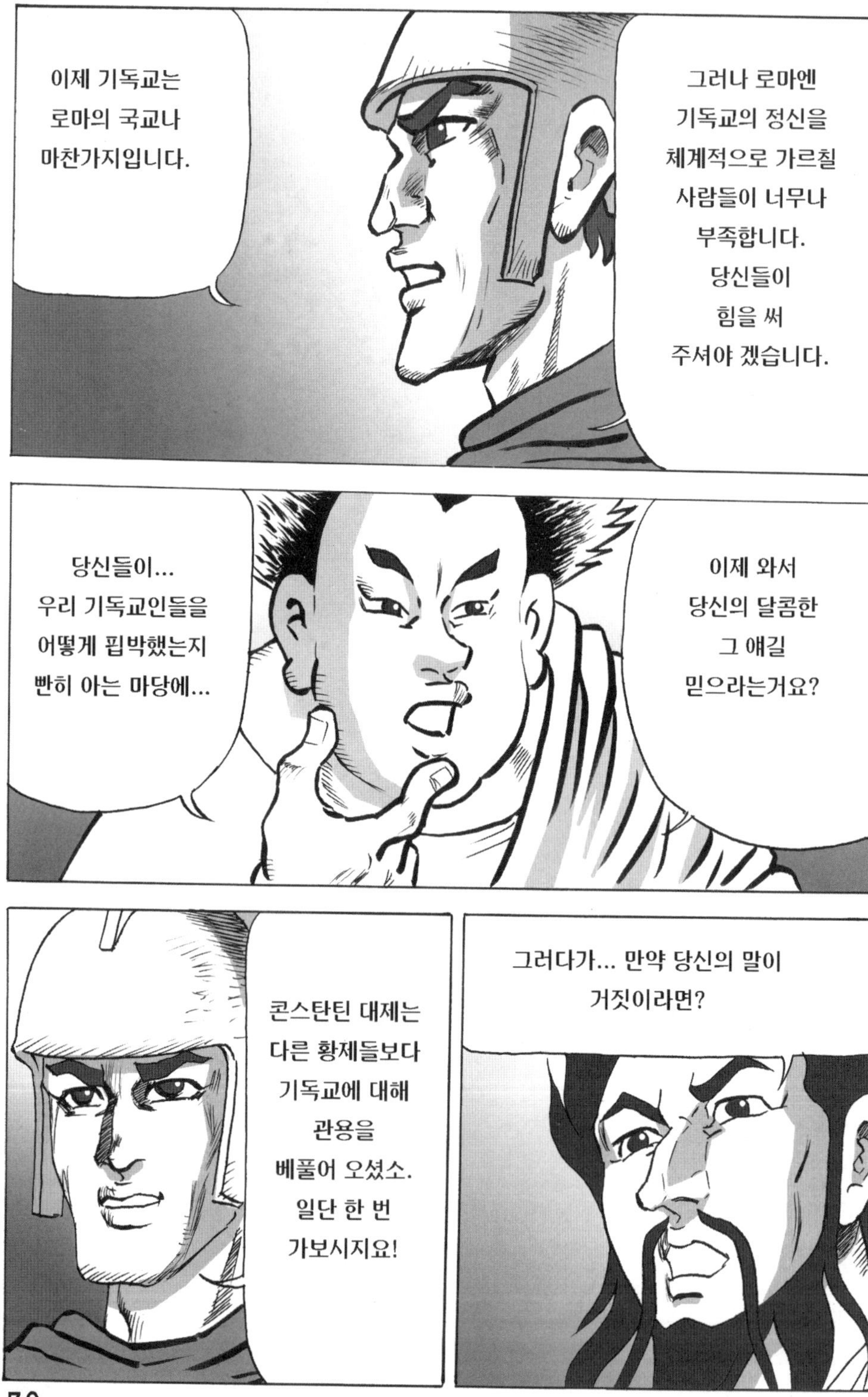

이제 기독교는 로마의 국교나 마찬가지입니다.
그러나 로마엔 기독교의 정신을 체계적으로 가르칠 사람들이 너무나 부족합니다. 당신들이 힘을 써 주셔야 겠습니다.
당신들이... 우리 기독교인들을 어떻게 핍박했는지 빤히 아는 마당에...
이제 와서 당신의 달콤한 그 얘길 믿으라는거요?
콘스탄틴 대제는 다른 황제들보다 기독교에 대해 관용을 베풀어 오셨소. 일단 한 번 가보시지요!
그러다가... 만약 당신의 말이 거짓이라면?

손해 볼 것
없는 것 같군!
그건
무슨
말이오?
로마가
예수 그리스도를
인정했다면
이것은 참으로
놀라운 일이오!
그렇습니다.
독재자 막센티우스를
무찌른 콘스탄틴 대제는
절대적인 존재이십니다.
그 분은 승리의 몫을
하나님의 섭리로
인정하고 계십니다.
로마 전 지역에
기독교 사상을
심고자 하십니다.

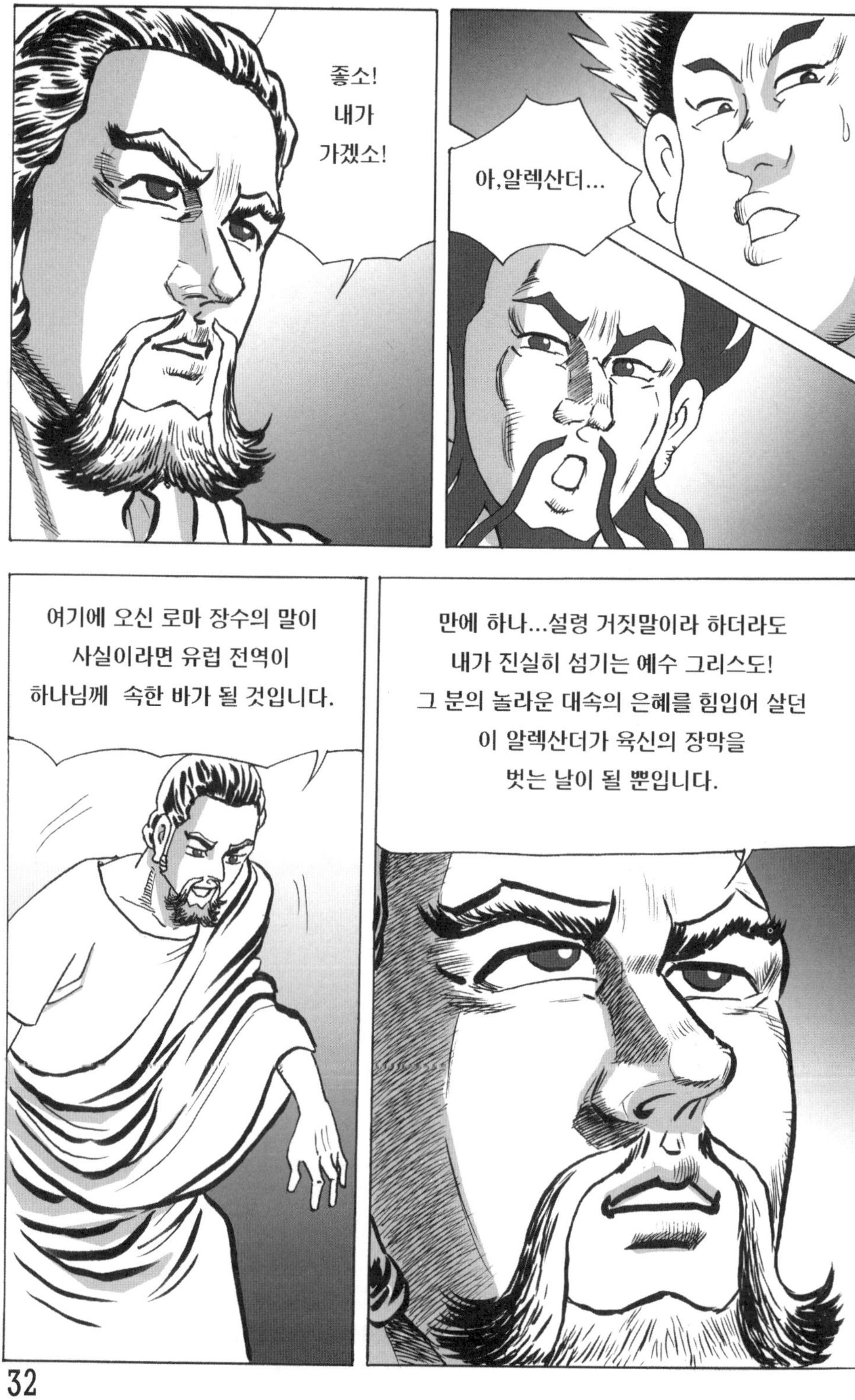
좋소!
내가
가겠소!
아,알렉산더...
여기에 오신 로마 장수의 말이
사실이라면 유럽 전역이
하나님께 속한 바가 될 것입니다.
만에 하나...설령 거짓말이라 하더라도
내가 진실히 섬기는 예수 그리스도!
그 분의 놀라운 대속의 은혜를 힘입어 살던
이 알렉산더가 육신의 장막을
벗는 날이 될 뿐입니다.

정말 죽어도 좋단 말입니까?
아, 알렉산더...
로마가 무엇을 원하는지 두 눈으로 똑똑히 파악하고 돌아 오겠소! 나를 위해... 로마를 위해 기도해 주시오!
내가 돌아오지 않는다면 내 영혼은 육신을 떠나 하나님과 함께 영원한 세계로 떠난 줄 아시오!

오...이제야
왔군!!
벌떡

황제폐하!
카타콤에서
기독교의
지도자를
모셔 왔습니다.
척
그런데…
어찌하여
한 분만
모시고
왔단 말이냐?
황제폐하…
용서하소서.
폐하의 진심을
확실히 알아보기 위해
제가 먼저 왔습니다.
이 로마에서
기독교인들이
어떤 핍박을 받았는지…
폐하께서도
모르시지는
않겠지요.

부디 지난 날의
잘못을 용서하시고
이 로마에
하나님의 말씀이
뿌리내리게
해 주시오!
오오~~
진심이옵니까?
도저히 믿어지지
않습니다.
...내가
어떻게 하면
믿을 수
있겠소?
아직도
얼떨떨하기만
하옵니다
폐하...

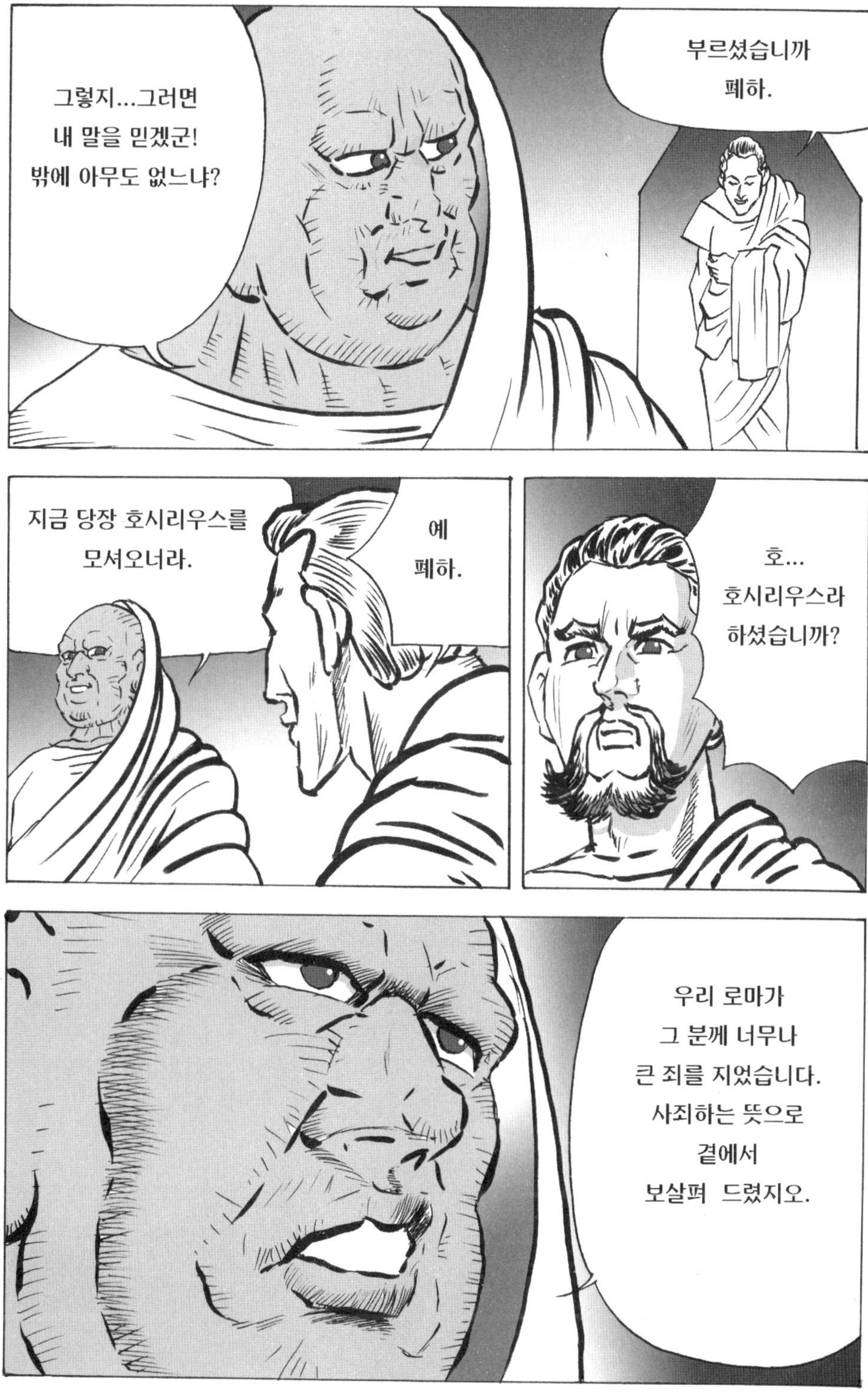
부르셨습니까
폐하.
그렇지…그러면
내 말을 믿겠군!
밖에 아무도 없느냐?
지금 당장 호시리우스를
모셔오너라.
예
폐하.
호…
호시리우스라
하셨습니까?
우리 로마가
그 분께 너무나
큰 죄를 지었습니다.
사죄하는 뜻으로
곁에서
보살펴 드렸지오.

저벅 저벅
호시리우스 형제님!
살아 계셨군요!!
알렉산더 스승님
무사하셨군요.

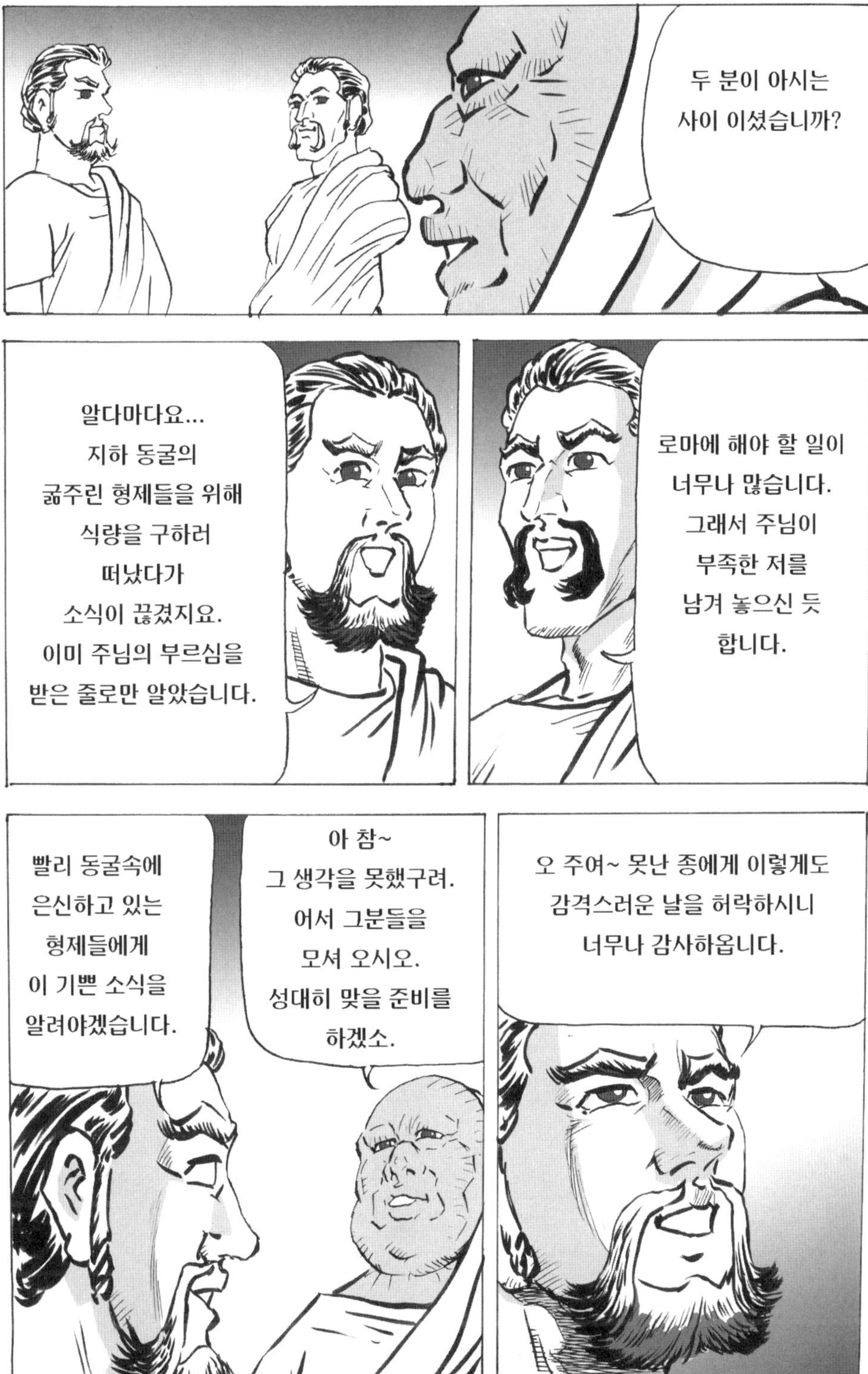
두 분이 아시는 사이 이셨습니까?
알다마다요… 지하 동굴의 굶주린 형제들을 위해 식량을 구하러 떠났다가 소식이 끊겼지요. 이미 주님의 부르심을 받은 줄로만 알았습니다.
로마에 해야 할 일이 너무나 많습니다. 그래서 주님이 부족한 저를 남겨 놓으신 듯 합니다.
빨리 동굴속에 은신하고 있는 형제들에게 이 기쁜 소식을 알려야겠습니다.
아 참~ 그 생각을 못했구려. 어서 그분들을 모셔 오시오. 성대히 맞을 준비를 하겠소.
오 주여~ 못난 종에게 이렇게도 감격스러운 날을 허락하시니 너무나 감사하옵니다.

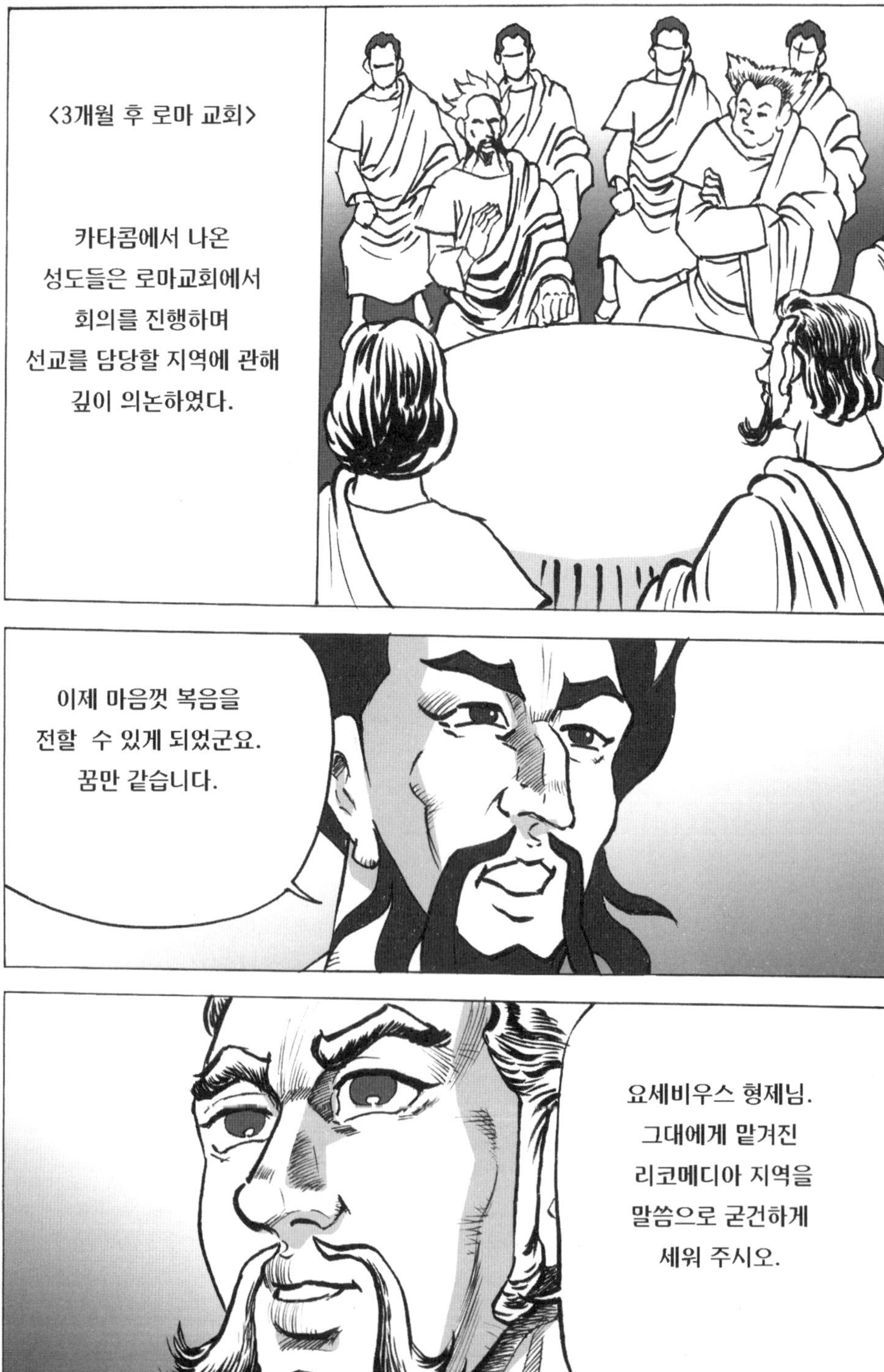
<3개월 후 로마 교회>
카타콤에서 나온 성도들은 로마교회에서 회의를 진행하며 선교를 담당할 지역에 관해 깊이 의논하였다.
이제 마음껏 복음을 전할 수 있게 되었군요. 꿈만 같습니다.
요세비우스 형제님. 그대에게 맡겨진 리코메디아 지역을 말씀으로 굳건하게 세워 주시오.

여부가 있겠습니까.
알렉산더 형제님과
아리우스 형제님도
알렉산드리아를
굳게 세우실 줄
믿습니다.
아리우스 형제님.
어디 불편하십니까?
아까부터 안색이
좋지 않으시군요.
요세비우스님은
리코메디아의 감독으로
파송되시니
기쁘시겠습니다.
하하하하.
험...험
아...아닙니다.
여러분들도
조만간
알렉산드리아의
감독으로 헌신하게
되시겠지요.
...그럼 저는 먼저
떠나겠습니다.

부디
승리하시오.
스승님과
형제님들도
이젠 떠나셔야죠.

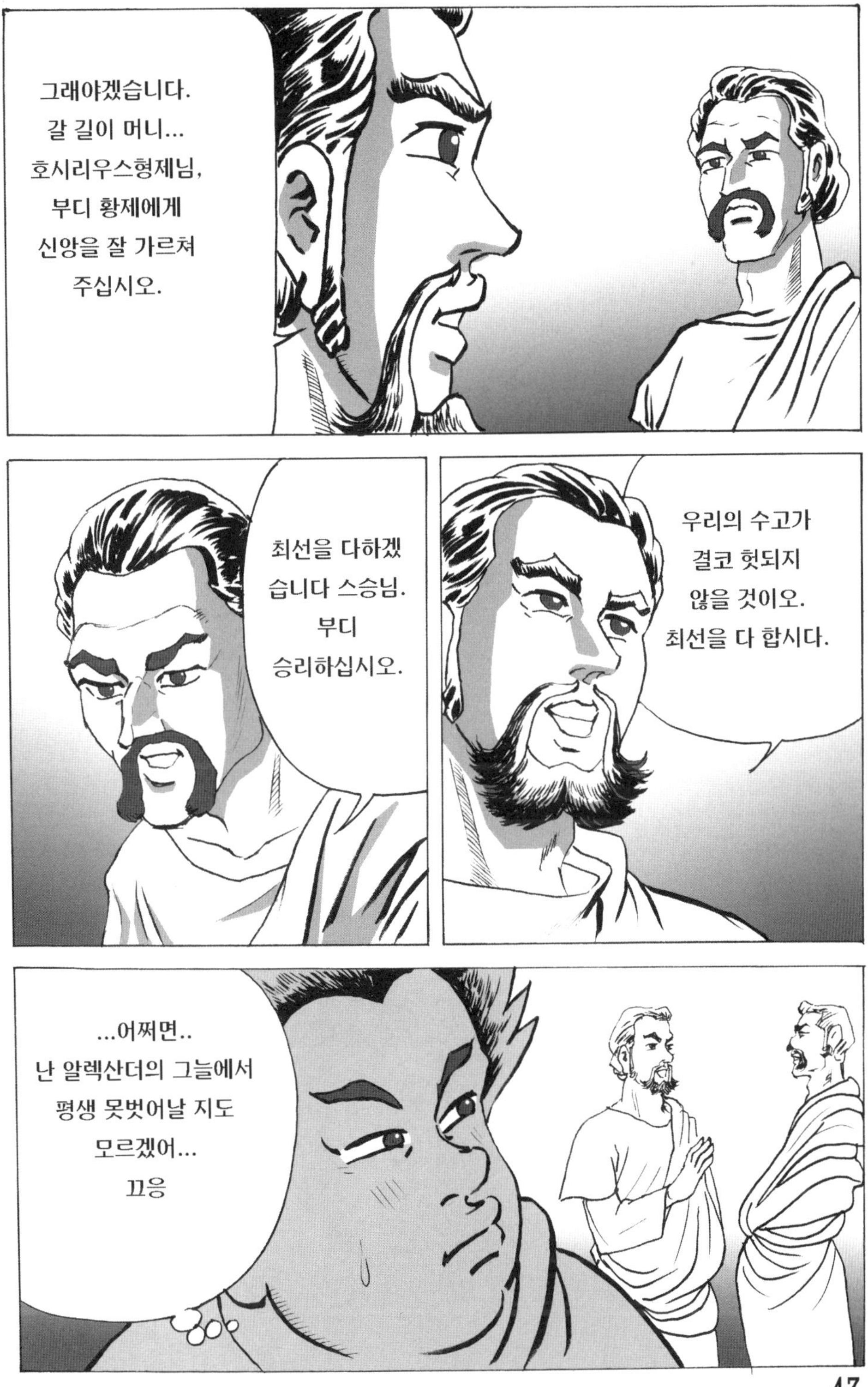
그래야겠습니다. 갈 길이 머니... 호시리우스형제님, 부디 황제에게 신앙을 잘 가르쳐 주십시오.
최선을 다하겠습니다 스승님. 부디 승리하십시오.
우리의 수고가 결코 헛되지 않을 것이오. 최선을 다 합시다.
...어쩌면.. 난 알렉산더의 그늘에서 평생 못벗어날 지도 모르겠어... 끄응

휴~장사가 이렇게나 안되서야...
오! 데오나스 형제님 수고가 많군요.
아... 알렉산더님.
예배드릴 시간인 줄 깜박 잊으셨던 모양이군요.
아,아직 오늘 식량을 준비하질 못했습니다...

이, 이걸 마저 팔아야 가족들 양식을 살 수가 있겠는데 오늘은 영 손님이 없군요...
알렉산더님...어서 가시지요. 이렇게 지체하다 우리도 예배에 늦겠습니다.
알겠소 아타나시우스... 잠시만,
데오나스... 이게 모두 얼마요?
예...3파운드 입니다만...

3파운드라...
여기 있습니다.
제가 형제님께
드리는 선물이니
받아 주십시오.
물건은 예배를
드리고 난 후에
파시면
어떠실런지요.
아이고 감독님...
이거
번번히...
너무나
감사합니다요.
예배에 늦지 않도록
서두르십시오
먼저 가겠습니다.

전능하신 하나님이
인간의 죄값을 치루시기 위해
인간의 형상을 입으셨습니다.

이 분은 우리의 죄값으로 십자가의 형벌을 받으셨으며 무덤에 장사지낸 지 사흘만에 약속대로 부활하셨습니다.
...나도 할 얘기가 있는데 설교를 좀 짧게 하면 좋으련만...
그 분이 누구시라고요?

예수 그리스도!!
그렇습니다.
그 분은 창조주 하나님이시며
우리와 똑같은 인간의
형상을 입으신 분이십니다.
그 분은 하나님이시기에
죄가 없으십니다.
죄가 없으신 까닭에 저와 여러분의 죄값으로
희생의 제물이 되신 것입니다.
이 놀라운 사실을 믿는 분들은
모두 일어나 찬양을 드립시다.

여호와는 나의 목자시니
내가 부족함이 없으리로다
그가 나를 푸른 초장에
누이시며 쉴만한 물가로
인도하시는도다
내 영혼을 소생시키시고
자기 이름을 위하여
의의 길로 인도하시는도다

내가 사망의 음침한
골짜기로 다닐찌라도
찬양은
은혜스럽게
잘들
부르는군…
해를 두려워하지
않을 것은
주께서 나와 함께
하심이라
주의 지팡이와 막대기가
나를 안위하시나이다

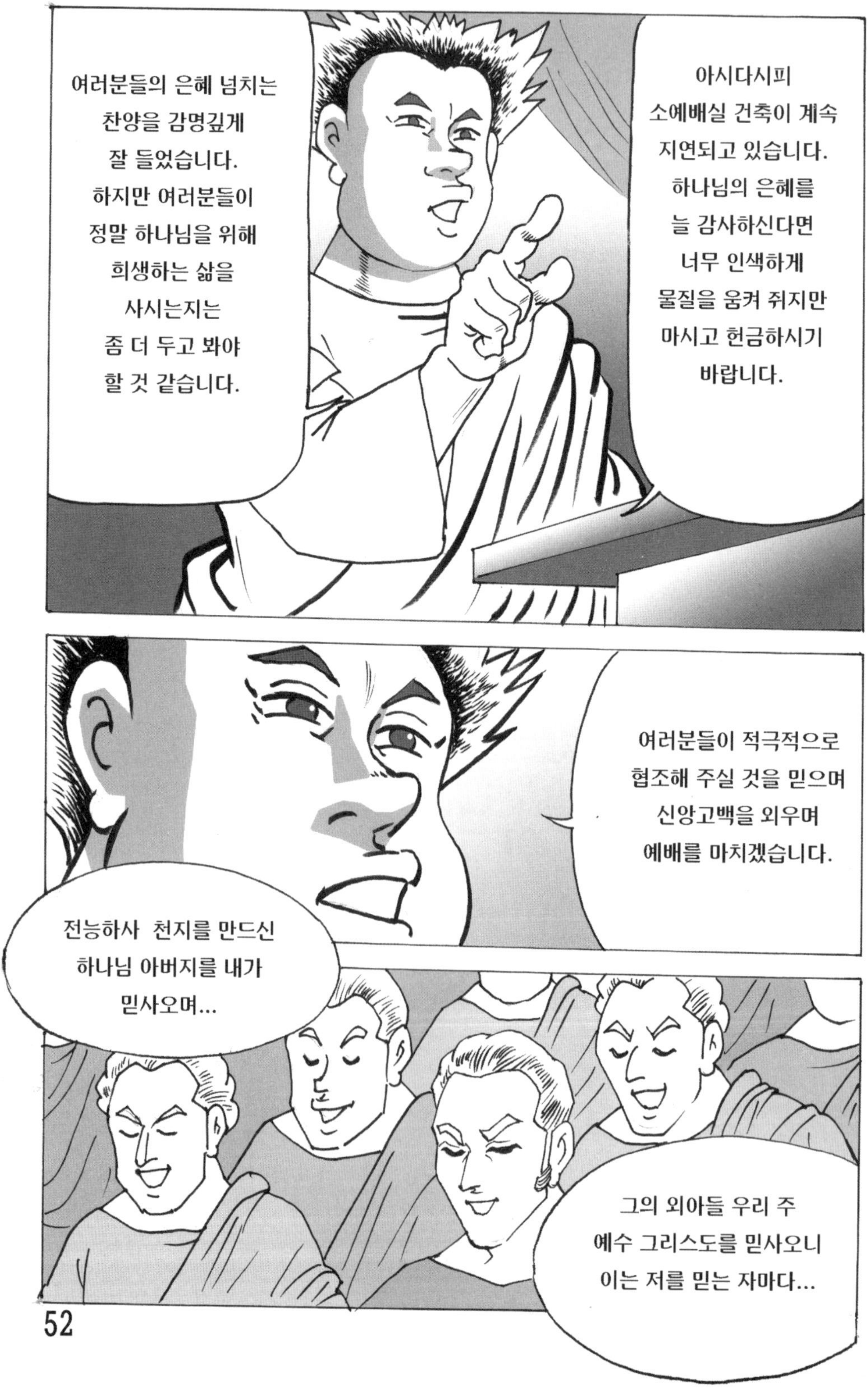
여러분들의 은혜 넘치는
찬양을 감명깊게
잘 들었습니다.
하지만 여러분들이
정말 하나님을 위해
희생하는 삶을
사시는지는
좀 더 두고 봐야
할 것 같습니다.
아시다시피
소예배실 건축이 계속
지연되고 있습니다.
하나님의 은혜를
늘 감사하신다면
너무 인색하게
물질을 움켜 쥐지만
마시고 헌금하시기
바랍니다.
여러분들이 적극적으로
협조해 주실 것을 믿으며
신앙고백을 외우며
예배를 마치겠습니다.
전능하사 천지를 만드신
하나님 아버지를 내가
믿사오며...
그의 외아들 우리 주
예수 그리스도를 믿사오니
이는 저를 믿는 자마다...

알렉산더감독님의
설교는 언제나 은혜로와!
우리가 어떻게 살아야 하는지...
왜 감사해야 하는지
분명하게 깨우쳐 주시거든...
그래!
오늘 말씀도
너무나 귀하신
말씀이셨어.
그런데...
아리우스 부제님은
뭔가 언짢은게
있는가봐.
표정도 늘 어둡고
언제나
헌금 얘기밖에
안한다니까...
응...표정이 너무 어두워.
뭔가 불만이 많은 것처럼 말야.
성도라면 늘 밝고
긍정적이어야 하는데 말야...
우린 그런 모습은
닮지 말자.

똑똑…
들어 오시오.
감독님!
부르셨는지요.
어서오시오.
아타나시우스!
…중요한
애기가 있어서
불렀소.
무슨…
하실
말씀이라도…

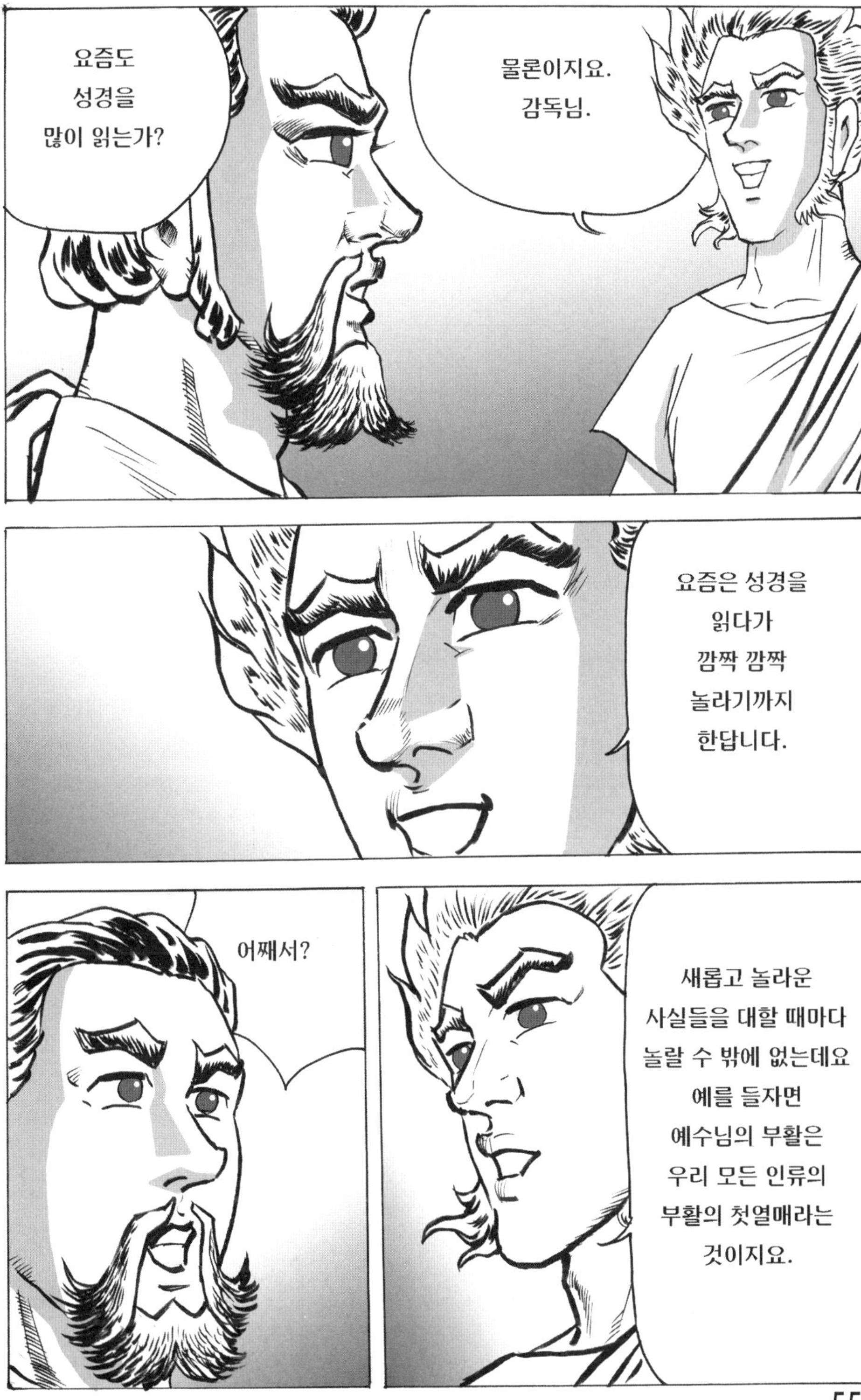
요즘도 성경을 많이 읽는가?
물론이지요. 감독님.
요즘은 성경을 읽다가 깜짝 깜짝 놀라기까지 한답니다.
어째서?
새롭고 놀라운 사실들을 대할 때마다 놀랄 수 밖에 없는데요 예를 들자면 예수님의 부활은 우리 모든 인류의 부활의 첫열매라는 것이지요.

그리고?
...천국은 네가 가진 모든 것을 팔아서라도 얻기를 힘쓰라 그만큼 소중한 것이다.
이와 같은 말씀들은 언제나 절 감격에 빠지게 한답니다.
아타나시우스... 많은 신앙인들이 평범히 대하는 말씀속에서 은혜의 삶을 누리고 있구나.
이제부터 내 밑에서 배우도록 하여라 내가 그 말을 하려고 불렀느니라.
저...정말입니까? 감독님!!
저 같은게 감히...

로마에
하나님의 나라를
확장하기 위해선
자네같이 믿음이
깊은 청년이
절실히 필요하다네.
부모님께
말씀을 드리고
내 사저로
오도록 해라.
이야~
감사합니다!
그,그럼 지금 당장
부모님께
허락을 맡고
오겠습니다!
어이쿠!!
아이쿠~~
콰당

하이고
죄송합니다.
쯧쯧...요즘 애들은
너무 경망스럽단 말이야
앞으로 조심해 !!
오...아리우스 부제님
어서 오시오.
오늘도 수고가 많으셨소.
험 험...
드릴 말씀이
있어서
왔습니다만...
무슨 일이오?
말씀해 보시지요?
험 험...
굳이 꼬투리를
잡으려는 것은
아니지만...

하나님이
인간의 모습으로
오셨다는 설교는
제발 삼가해
주셨으면
합니다.
그게
무슨
소리요?
하나님을 모독하는 것은
아닌지 깊이 살피셔야
합니다.
천지를 창조하신 분이
어떻게 죄인인
인간의 형상을
입으신다는 것인지
이해가 안됩니다.
지금 무슨
소리를 하는 겁니까?
성경에
명백히 기록된
사실을
믿지 못한다는
것입니까?
창조주이신 높으신 신이
비천한 인간의
모습으로 오셨다는 것은
아무리 생각해도
이해가 안됩니다.
성도들 중에도
그 말씀에 대해
의혹을 갖는 자들이
많이 있습니다.

세상을 지으신
창조주이시기 때문에
가능하다는 생각을
왜 못하십니까?
완전하신 하나님이
사랑하시는 그 자녀들을
위해 무슨 일인들
못하시겠습니까?
두 번 다시 그런 소리
마시오.
이건 엄중한 경고요!!

끄응...엄중한 경고?
두고 보자...
홱

이런 누추한 거리엔
무슨 일로 오신 거죠?
아타나시우스야
나의 제자로서
꼭 명심해야 할 것이
있단다.
하나님의 말씀을 전할 때
이런 소외된 지역의
사람들을 무시해선
절대로 안된다.
무슨 말씀이신지
잘 알겠습니다.
명심하겠습니다.

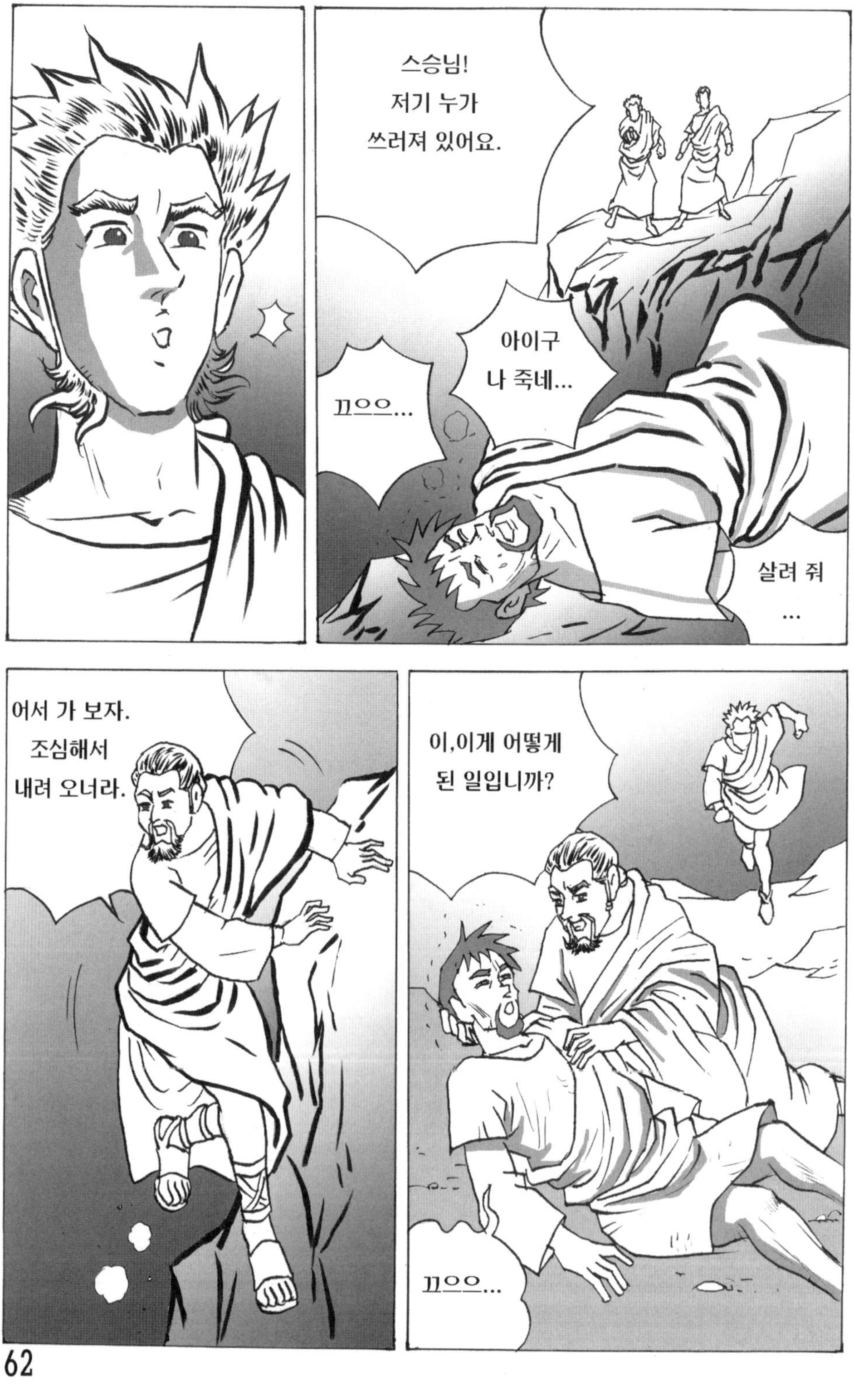
스승님!
저기 누가
쓰러져 있어요.
아이구
나 죽네...
끄으으...
살려 줘
...
어서 가 보자.
조심해서
내려 오너라.
이,이게 어떻게
된 일입니까?
끄으으...

가,감독님 이시군요.
나뭇짐을 지고 가다
그만 발을 헛디뎌서
저 언덕 위에서
떨어지고 말았습니다요...
아구구구구구....
끄으으으...
다, 다리가
부러진 것
같습니다요..
끄으으 끄...
그대로 가만히 계십시오.
우리가 응급 처치를
해 드리겠습니다!
부욱
자...아프더라도
좀 참으십시오!
콰악
어서
엎혀요.
그럴 순
없습니다.
제가 어떻게
감독님께...

감독님, 제가
업겠습니다.
아니야...넌 이 분의
나뭇짐을 메고 따라
오너라.
당분간 일을 못하실 테니
이 돈으로 치료를 하시고
생계에 보태도록 하십시오.
아휴...감독님
정말 고맙습니다.

가는 길에 의원을 부르겠습니다. 치료비는 내가 부담할테니 걱정 마시고 치료를 잘 받으십시오.
우린 이제 가 볼테니 빨리 나으십시오.
가,감독님…
아무리 바쁘셔도 일 주일에 하루는 하나님께 예배를 드리며 그 분을 섬기시기 바랍니다. 잘 아시겠지요?
네, 명심 하겠습니다.
아타나시우스야. 예수 그리스도께서 우리에게 간절히 원하시는 것은 첫째가 잃어버린 영혼을 찾는 일이며 그 다음으론 돌아온 이들을 따뜻이 돌보는 것이란다.
네 감독님! 명심하겠습니다.

PETRUS A XSTO PETIIT: DOMINE QUO VA
이봐!
아타나시우스!
무슨
일이십니까?
아리우스
부제님!
혹시…
자네도 예수가
하나님이라고
믿고 있는가?
그건
당연한 말씀이
아닌가요?
…이 땅에서
말야…
인간의 최후가
어떠한지를
알고나
하는 소린가?

인간이라면
누구나 다
죽지요.
그럼?
예수는
마지막에
어떻게
되었지?
그 분은
십자가에서
돌아 가셨지요.
예수는 인간이기 때문에
어쩔 수 없이 죽은 거야.
그래요.
그 분은 완전한
인간으로 오셔서
우리 죄값으로
대신
죽으신 겁니다.

아니 아니...
신이
아니기
때문에
죽은거야.
신은 영원히
죽지 않는단
말일세.
그 분은
다시
부활하셨습니다.
그건 하나님이
다시 부활시켜 주신
것일 뿐이야!!
성경에 그 분은
사망을 이기시고
부활하셨다고
기록하였습니다.
성경은 분명한 사실만을
기록하고 있습니다.

어리석기 짝이 없군.
인간은 사망을 이길 수 없어... 하나님이 그를 살리셨을 뿐이야! 예수는 신이 아니라 우리와 같은 인간일 따름이야!!
복음서의 기록을 보면 분명히 살아 나셨다고 했습니다.
DOMINE QUO VADIS
불리하면 성경을 들먹이는군.
성경안에 모든 해답이 들어 있으니까요!
어리석기 짝이 없는 무식한 친구같으니...쯧쯧...
......

지금부터 성찬식을 거행하겠습니다. 먼저 예수 그리스도의 대속의 은혜를 믿지 않으시는 분이나…
그 분이 하나님이신 것을 믿지 않으시는 분은 성찬에 참여할 수 없음을 알려 드립니다.

......!!
콰앙
예수 그리스도 께서는 우리의 죄값을 위해 고귀한 피를 흘리셨으니...
우리가 이 잔을 마실 때마다 주님의 은혜를 기억하게 하시며...
주님이 오시는 그 날까지 주님의 나라를 온 마음으로 증거하게 하소서.

알렉산더 집무실
알렉산더 감독님! 예수님이 하나님이냐 아니냐 보다 더 중요한 것은 화합이 아니겠습니까?
......
한 발짝 물러 서셔서 아리우스 부제를 받아 주십시오. 아리우스만큼 총명한 부제도 찾기 힘듭니다. 카타콤의 의리를 저버려서도 안될 것입니다.

예수 그리스도가 하나님이라는 것은 하나님의 사랑이 얼마나 위대한가를 말해 주는 것입니다.
어떻게 그 위대한 진리가 변질되는 것을 보고만 있을 수 있단 말입니까? 나는 아리우스를 인간적으로 매우 아끼지만 그렇다고 해서 그의 사상이 용납되는 것은 찬성할 수 없습니다.
아리우스는 이 곳 알렉산드리아로 돌아 오고 싶어합니다.
예수 그리스도가 천사나 인간일 뿐이라는 성경을 거스리는 주장을 철회하면 허락하겠습니다.
… 너무나 완고하시군요.

바야흐로 예수 그리스도의
시절이오.
이렇게 살기 좋은
세상이
또 언제 오겠습니까…

그럼요… 지난 날 얼마나
큰 아픔과 수모를 당했습니까.
박해를 잘 참고 견딘
열매가 아닐까요?

이집트의 요즘 상황은 어떻게 전개되고 있습니까?
하하하하... 하나님의 은혜로 대성전 세 곳이 은혜중에 건축되고 있습니다. 성도들이 발 디딜 틈도 없이 몰려들고 있습니다.
아 대단하십니다. 그 큰 건축을 진행하자면 어려움은 없으신지요?
국가에서 재정적인 지원을 전폭적으로 지지하고 있기 때문에 어려움이 전혀 없습니다. 너무나 감사한 일이지요. 하하하하하.

카타콤에서 언제 죽을 지 몰라
불안해 하며 찬송하던 때가
엊그제 같은데
참으로 하나님의 은혜입니다.
하하하하하...
하하하하...
이 모든 게 콘스탄틴 대제의
각별하신 배려가 아니고
무엇이겠습니까.
좀 늦으셨습니다.
아리우스님!
죄송합니다...
일이 좀
늦어지는 바람에...
그런데 무슨 얘기들을
즐겁게
나누고 계시는지요.

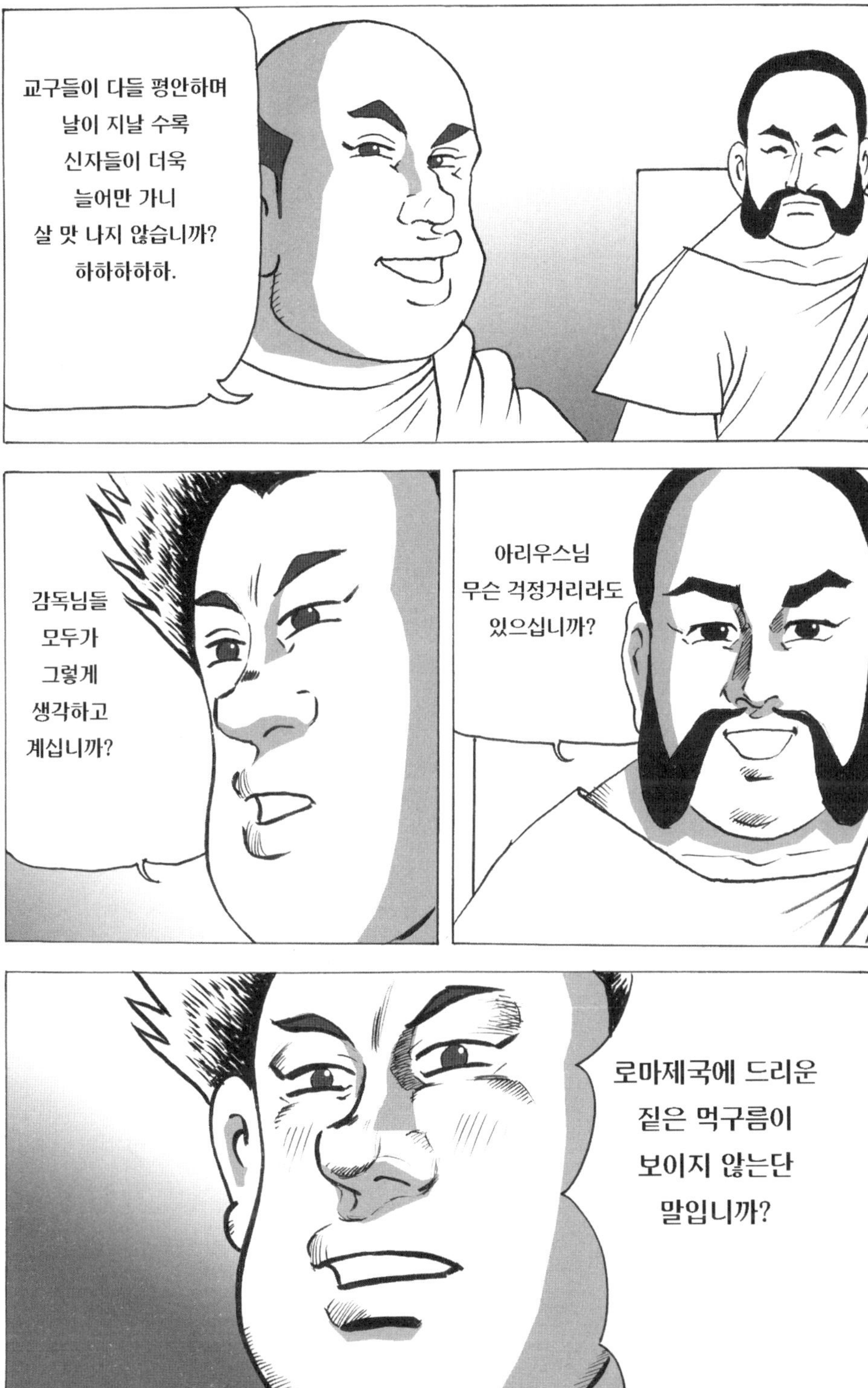
교구들이 다들 평안하며 날이 지날 수록 신자들이 더욱 늘어만 가니 살 맛 나지 않습니까? 하하하하하.
아리우스님 무슨 걱정거리라도 있으십니까?
감독님들 모두가 그렇게 생각하고 계십니까?
로마제국에 드리운 짙은 먹구름이 보이지 않는단 말입니까?

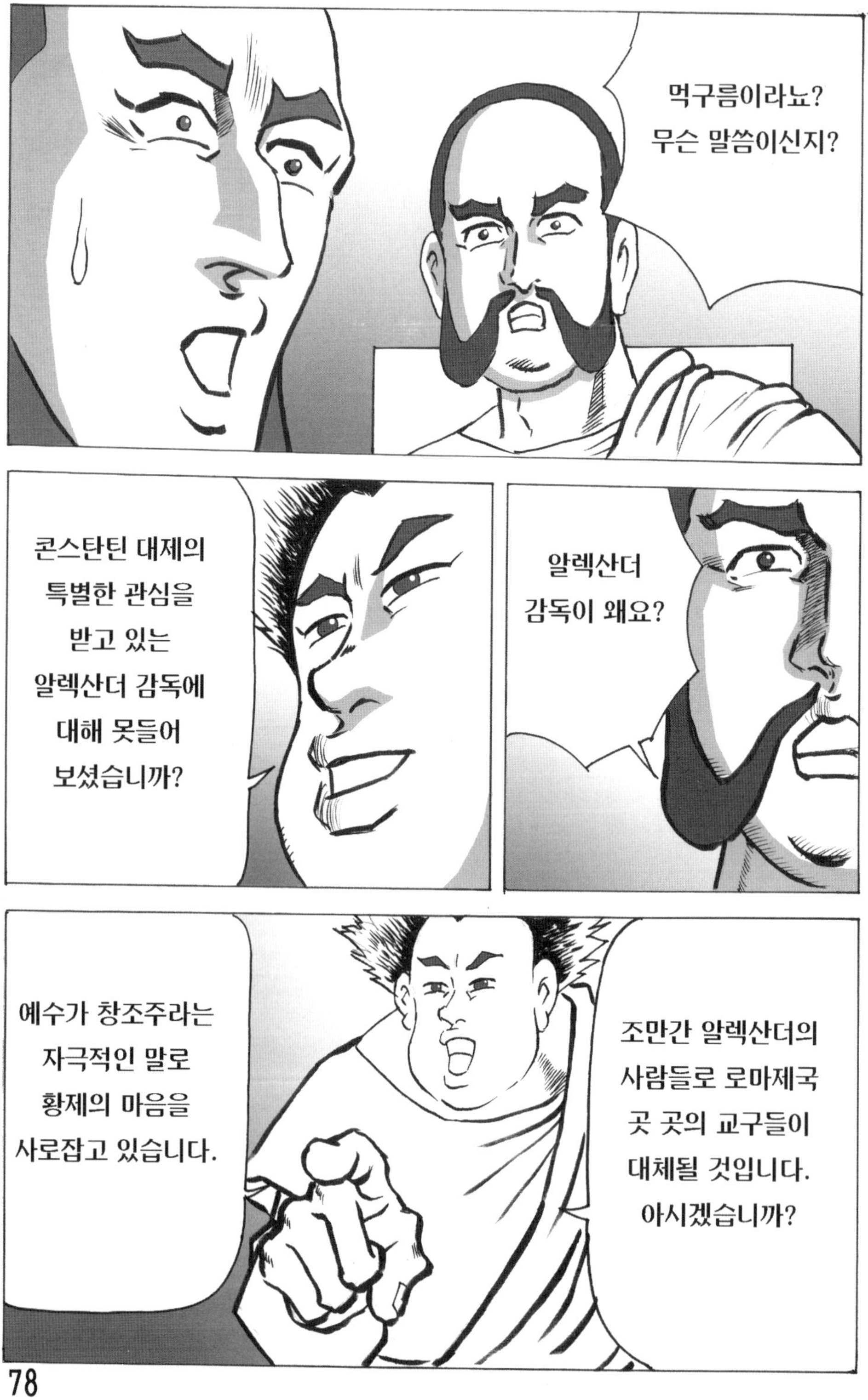
먹구름이라뇨?
무슨 말씀이신지?
콘스탄틴 대제의 특별한 관심을 받고 있는 알렉산더 감독에 대해 못들어 보셨습니까?
알렉산더 감독이 왜요?
예수가 창조주라는 자극적인 말로 황제의 마음을 사로잡고 있습니다.
조만간 알렉산더의 사람들로 로마제국 곳 곳의 교구들이 대체될 것입니다. 아시겠습니까?

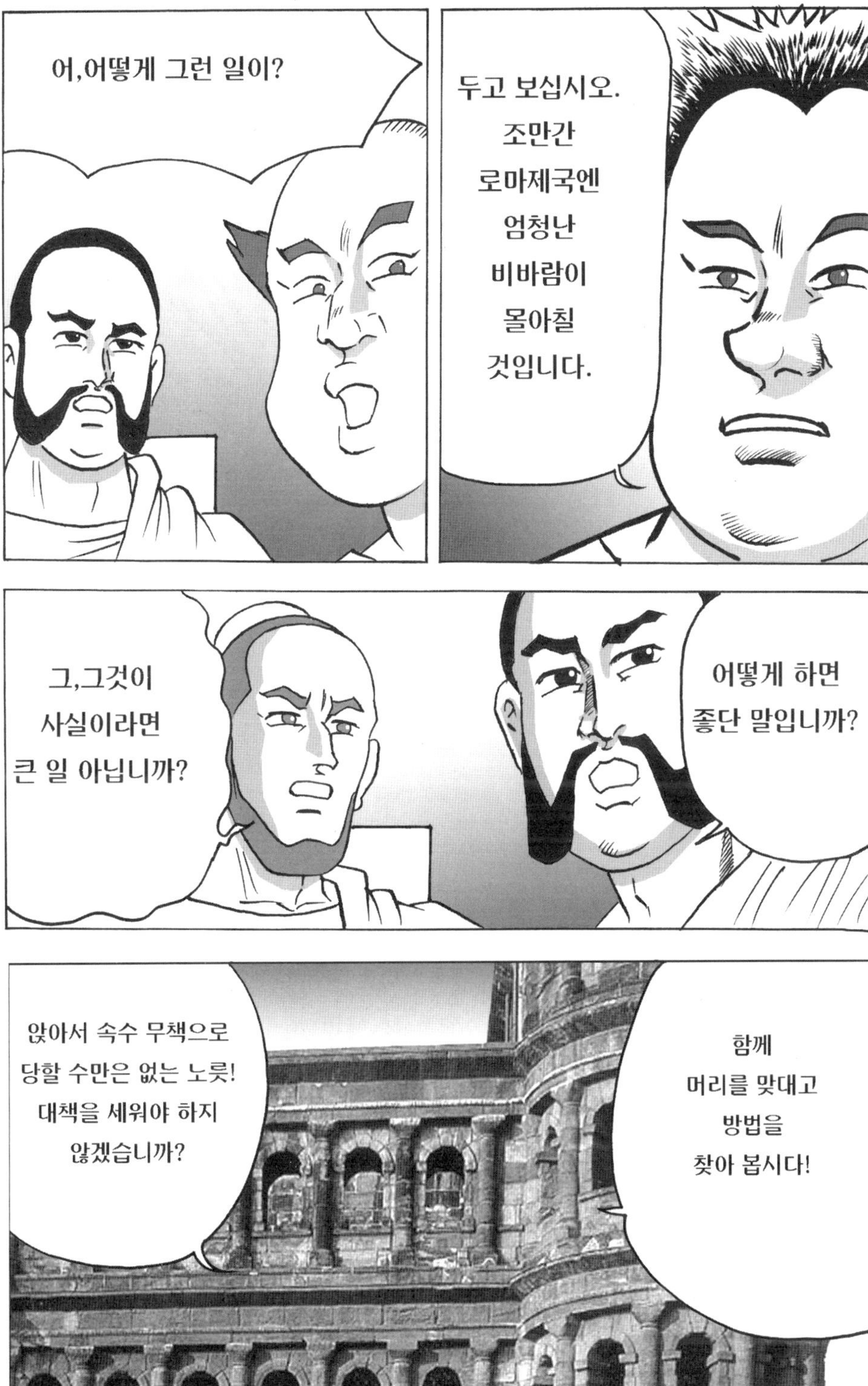
어,어떻게 그런 일이?
두고 보십시오. 조만간 로마제국엔 엄청난 비바람이 몰아칠 것입니다.
그,그것이 사실이라면 큰 일 아닙니까?
어떻게 하면 좋단 말입니까?
앉아서 속수 무책으로 당할 수만은 없는 노릇! 대책을 세워야 하지 않겠습니까?
함께 머리를 맞대고 방법을 찾아 봅시다!

모든 정답은 성경에 있지!
감독님…언제 오셨어요?

하나님의 사랑의 크기가
어떠한지…인간이 어떤 존재인지
인간들이 궁금해 하는 모든 정답은
바로 성경 안에 있단다.
늘 성경을 가까이 하는 너의
모습이 참으로 대견하구나.
제가 생각지도 못했던 말씀들도
무궁무진한 것이 성경인 듯 합니다.
그렇군요…
어리석은 사람들은
그 답을 엉뚱한 데서
찾으려 하지.

성경을 반박하며 거스리는 주장들은
절대 용납해선 안된단다.
그것이 아무리 그럴듯 해 보여도...
성경을 벗어나선 안된다.
성경이 곧 기준인게야!
예! 명심하겠습니다.

감독님...
황제로부터 공문이 도착
했습니다.
황제께서?
...무슨
일이실까?
무슨 일이신지요?
표정이 많이
어두우십니다.
아리우스가 황제께
상소를 하였군.

대체 왜?
예수 그리스도는 신이 아님을 결정하자는 내용이야!
어,어떻게 그럴 수가…
그의 행동을 보면 충분히 그럴 수 있지!

지체하지 말고
알렉산드리아의
모든 주교들에게
연락을 하여라.
날짜는
언제입니까?
장소는요?
6월19일!
터키 남부 해안의
콘스탄틴 궁궐이야.
얼마
안남았군요.
필요한 모든 것은
하나님이 친히
준비하실 터이지!
우리가 준비해야 할 것은
단 하나!!
무엇인지 알겠느냐?
당연히
이 것이죠!
말씀이 기록된
성경!!

터키 남부지역 콘스탄틴 궁 니케아 공의회장.
PAVLVS V BVRGHESIVS ROMANVS PONT MAX AN MDCXII PONT VII
6월 18일!
콘스탄틴 황제가 주관하는
니케아 공의회에 318명의
주교들이 특별한 안건을
결정하기 위해
부름을 받았다.
상소를 제기한 아리우스를 비롯하여
니코메디아의 요세비우스. 로마의
팔잃은 호시리우스. 알렉산드리아의
알렉산더와 아타나시우스등이
중심에 자리하였다.

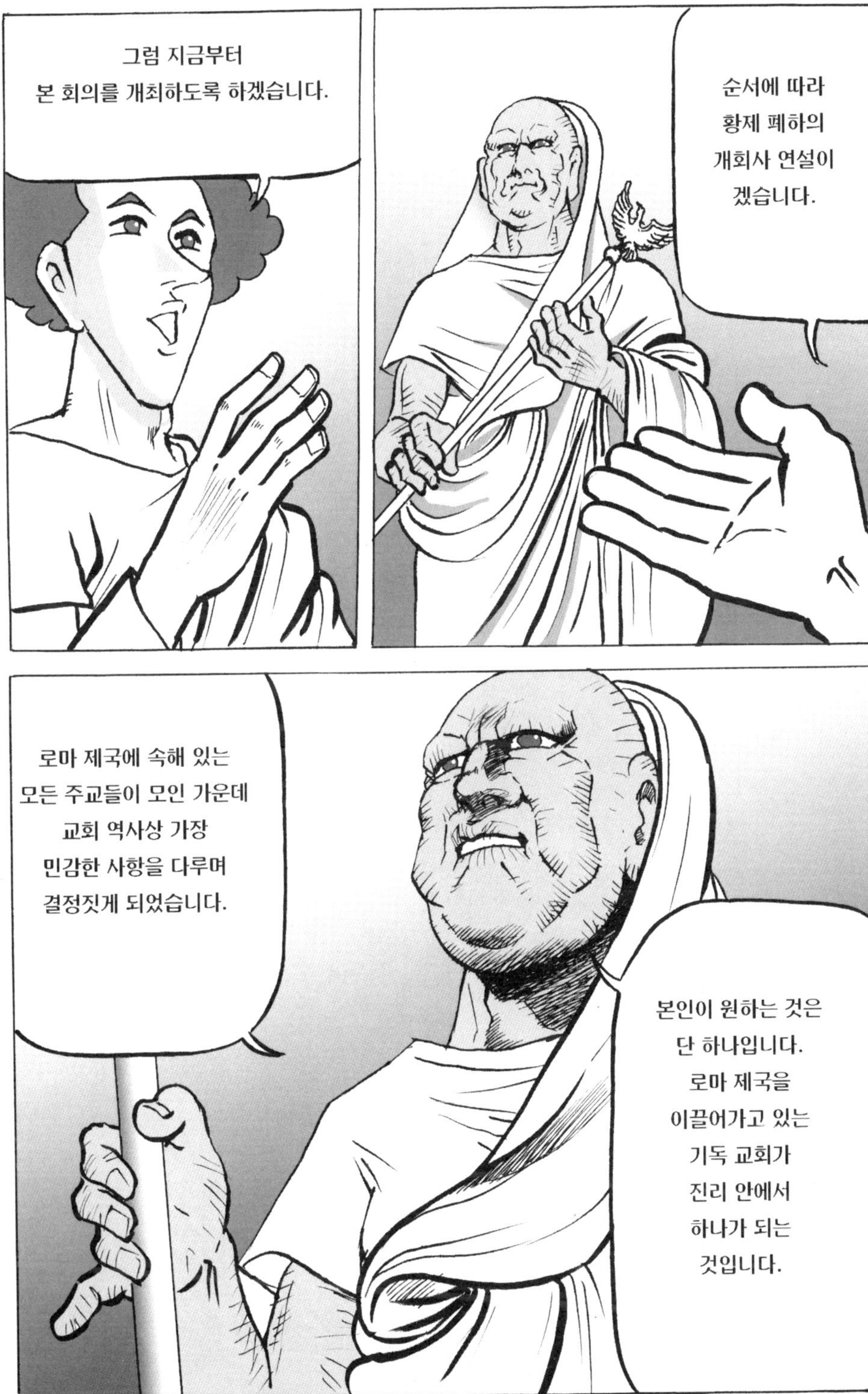
그럼 지금부터
본 회의를 개최하도록 하겠습니다.
순서에 따라
황제 폐하의
개회사 연설이
겠습니다.
로마 제국에 속해 있는
모든 주교들이 모인 가운데
교회 역사상 가장
민감한 사항을 다루며
결정짓게 되었습니다.
본인이 원하는 것은
단 하나입니다.
로마 제국을
이끌어가고 있는
기독 교회가
진리 안에서
하나가 되는
것입니다.

이 번 회의를 통하여
비진리는 교회에서 완전히
추방되게 될 것입니다.
나는 황제로서
주교님들의 결정을
온전히 따를 것이며
확실한 집행을 약속합니다.
이제 회의를 진행해
주십시오.
먼저 이 번 회의를
제안한
아리우스님의
의견을
경청하겠습니다.
저의 핵심을
말씀드리자면
예수는
신의 피조물 중
최고의 존재라는
것입니다.

그 분은 절대로 신이 아닙니다. 신은 우리가 만질 수도 쳐다볼 수도 없는 거룩하신 존재이십니다.
그러나 예수는 인간의 아들로 태어났고 십자가에서 죽었습니다. 그는 우리처럼 나약한 인간일 뿐, 신이 될 수는 없습니다.
의장님! 이의를 제기합니다!

피조물인 인간이 창조주 하나님에 대해 논한다는 것 자체가 그 분께 대한 모독입니다. 우리는 성경에서 말한 것 이상을 주장해서는 안될 것입니다.
이 땅에는 무수히 많은 성스러운 문서들이 존재합니다. 그런데 아타나시우스님은 단지 66권만 정경으로 주장하더군요.
그 외의 문서들을 정경으로 인정하지 않는 이유는 도대체 무엇입니까?

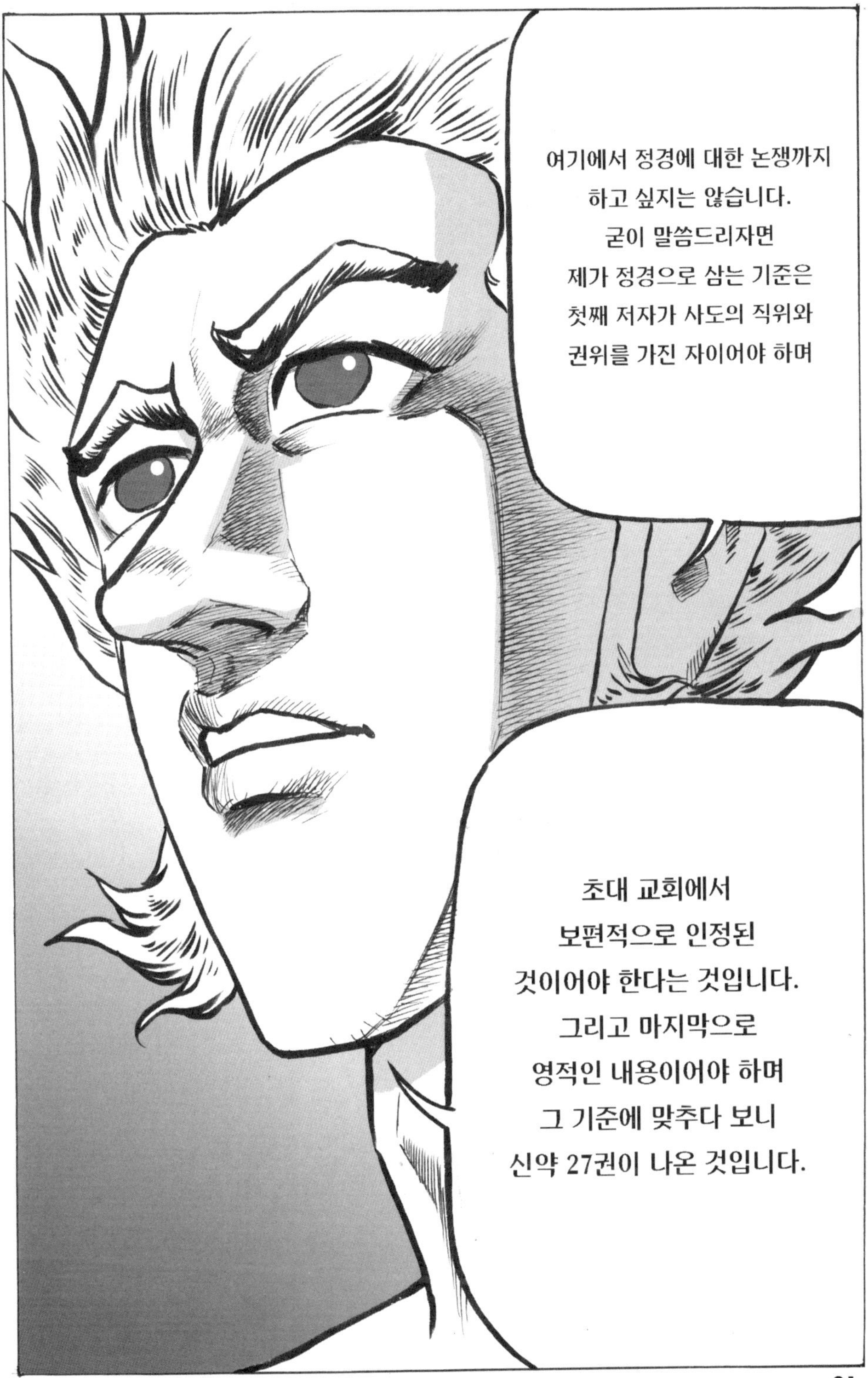
여기에서 정경에 대한 논쟁까지 하고 싶지는 않습니다. 굳이 말씀드리자면 제가 정경으로 삼는 기준은 첫째 저자가 사도의 직위와 권위를 가진 자이어야 하며
초대 교회에서 보편적으로 인정된 것이어야 한다는 것입니다. 그리고 마지막으로 영적인 내용이어야 하며 그 기준에 맞추다 보니 신약 27권이 나온 것입니다.

그렇다면 바울은
열 두 사도에
들어가지 못하니
바울의 서신 11권은
성경에서 제외해야
하지 않겠습니까?

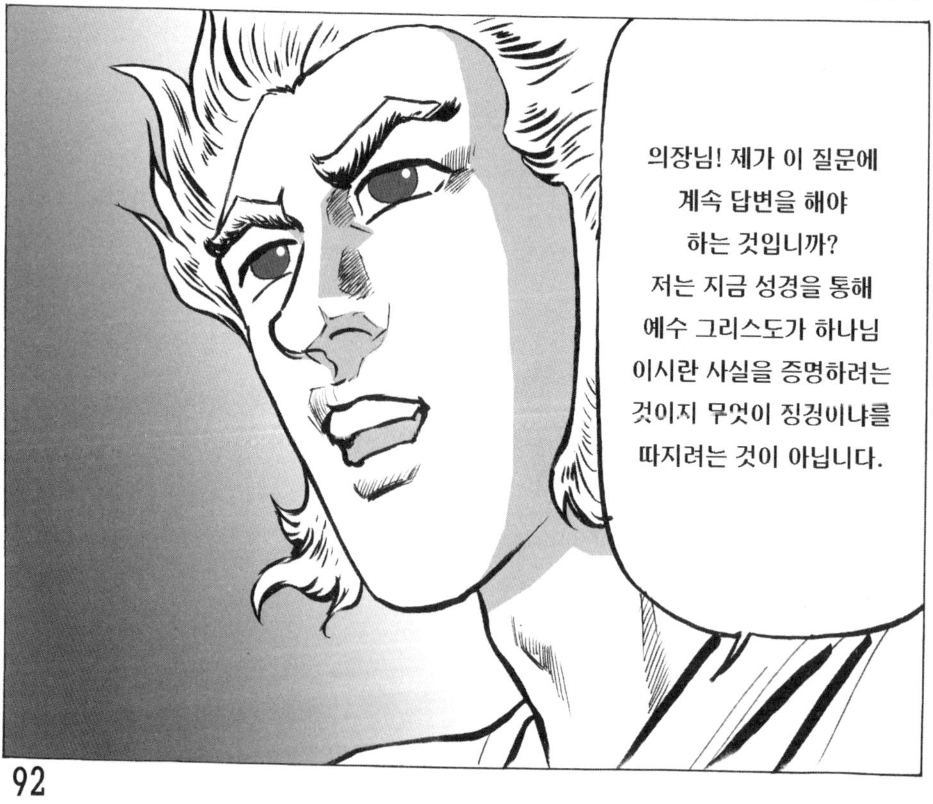
의장님! 제가 이 질문에
계속 답변을 해야
하는 것입니까?
저는 지금 성경을 통해
예수 그리스도가 하나님
이시란 사실을 증명하려는
것이지 무엇이 징경이냐를
따지려는 것이 아닙니다.

의장님! 이 질문의 답변은
꼭 들을 필요가 있습니다.
아타나시우스는 모든 답변을 성경을
통해 하고 있습니다. 그런데
성경이 잘못되었다면 그의 답변 자체가
잘못된 것입니다.
아타나시우스님!
시간이 걸리더라도
답변을 해 주시기 바랍니다.
사도는 열 둘이
아니라 열 셋 입니다.

그,그런 말이
성경의 어디에 있단
말입니까?
꼭 열 둘 이어야 한다는 것은
율법적인 생각 입니다. 맛디아는
열 한 사도가 선택한 사도이고
바울은 예수 그리스도께서
선택한 사도입니다.
성경을 읽어 보십시오. 예수님께선
열 한 사도의 의견을 존중하셔서
맛디아를 받아 주셨고 열 두 사도 또한
예수님의 의견을 받아 들여서 바울을 사도로
인정하고 파송했습니다.
초대교회는 결코 율법에 매여있지
않았습니다.

그럼 다른 이의가
없는 줄 알고
계속하겠습니다.
예수님은 우리보다
연약한 인간입니다.
예수님은 우리와 같은 체질이신 까닭에
우리의 아픔들을 너무나 잘 알고 계십니다.
또한 그 분은 완전한 창조주
하나님이시기에
우리를 구원하실 수 있습니다.

서로 한발짝씩
양보합시다.
우린 엄청난 박해를 겪고
교회를 세웠습니다.
사소한 것 때문에
둘로 분열될 수는
없습니다.
예수 그리스도가
피조물일 뿐이라면
그는 십자가에 달려
죽으시기 전에
돌에 맞아
죽었어야 합니다.

그 기원을 알 수 없는 것이 신이요! 그런데 예수의 기원은 뚜렷이 알 수가 있습니다.
인간이 어떻게 신이 될 수 있습니까? 그건 신에 대한 모독입니다.
예수 그리스도가 하나님이시라면 우리는 하나님의 놀라운 사랑을 힘입게 될 것입니다.

아리우스님!
크게 혼돈하셨는데
인간이
신이 되는게 아니라
하나님이
인간이 되신 것입니다.
비슷하게
들리지만
실상
천지 차이
입니다.
예수 그리스도가
인간일 뿐이라면
우리는 그를 믿어도
구원을 얻을 수가
없습니다.
죄인은 죄인을
구원할 수 없습니다.

...의견은 명백히 둘로
압축되었고,
여러분은 양 쪽의 의견들을
충분히 들으셨습니다.

여기 두 분의 의견을 종합한 신조가
있습니다. 각자가 지지하는
신조의 초안에 서명하십시오.

한 명이라도 더 많은 신조가 채택될 것이며
채택되지 않은 신조의 제안자는
황제 폐하의 의지대로
교회 직분에서 제명될 것입니다.

오 주여...높임을 받으소서.
서명이 끝났습니다. 그런데 서명을 하지 않으신 분들이 계십니다.
IPONT VII

의장님... 저희
가이사랴 교구에서
서명을 하지
않았습니다.
이 회의는 모든
주교님들이 서명을
하셔야만 끝이 납니다.
가이사랴 교구의 감독님,
대체 어떻게 된 것입니까?
의장님...
하루만...
하루만
시간을
주십시오.
무슨 말씀입니까?

이렇게 중차대한 결정을 선뜻 내리기가 겁이 납니다. 제가 예수 그리스도에 대해 창조주로 받들 수도 있고 단지 인간으로 격하시킬 수도 있다니...
하루 쯤...깊이 생각하고 결정할 수 있도록 허락해 주십시오.
좋습니다. 가이사랴 교구의 주교님께선 내일 아침에 최종적으로 서명을 받도록 하겠습니다.
요세비우스 감독님!!

아리우스님…
어쩐
일이십니까?
…잠시 조용히
말씀드릴
일이 있어서…
알렉산드리아의
감독이 되고 싶지
않으십니까?
그,그게
무슨
말씀이신지?
내일, 어떤 결정을
하시느냐에 따라
알렉산드리아의 감독으로
부임하실 수도 있습니다.
이 아리우스가
명예를 걸겠습니다.

현명하신 판단을 하실 것으로
믿겠습니다. 그럼 이만...
요세비우스님...
제가 꼭 드리고 싶은 것이
있습니다.
받아 주십시오.
...뭘 주시겠다는
거죠?
하하하...성경
말씀입니다.
내일 뵙겠습니다.

예수 그리스도가
창조주이십니까?
과연 하나님과
똑같이 섬겨야 할
분이십니까?
예수 그리스도께서 태초에 땅과 하늘을
지으시고 우주 만물을 창조하셨습니까?
제 부족한 지혜로는
믿기가 어렵습니다.
전능하신 하나님이 말씀 한마디로
세상을 창조하신 창조주가
인간의 형상을 입을 수
있다는 말입니까?

…제가 어느 쪽에 서명해야 할지 가르쳐 주십시오. 정녕 예수 그리스도가 창조주이십니까?
성경을 앞서지도 말고 성경에서 뒤쳐지지도 말지어다. 오직 성경에서 말한 것만 받을지니라.
성경! 성경이라고?
…성경 말씀 입니다.

옳치!
여기 있군.
요한복음에 기록된
말씀이로군.
태초에 말씀이
계시니라
이 말씀이
하나님과 함께
계셨으니
이 말씀은
곧 하나님이시니라.
그가 태초에
하나님과
함께 계셨고
만물이
그로 말미암아
지은 바 되었으니
지은 것이
하나도 그가 없이는
된 것이
없느니라...

그가 세상에 계셨으며
세상은 그로 말미암아
지은 바 되었으되 세상이 그를
알지 못하였고
자기 땅에 오매
자기 백성이 영접지
아니하였으나

영접하는 자
곧 그 이름을
믿는 자들에게는
하나님의 자녀가
되는 권세를
주셨으니…

주님!
어찌 더 큰 증거를
구할 수 있겠습니까?
주님의 그 사랑을
어찌 의심할 수
있겠습니까?
신으로서 인간으로 오신
주님을 찬양합니다.
오 주여!!
찬양을 받으소서.
당신만이 길이 길이
찬양을 받으소서!!

아리우스의
신조 초안과
아타나시우스의
신조 초안에
서명한
주교님들의
숫자가
비슷합니다.
마지막으로 가이사랴의 감독님과
주교님들 나오셔서
서명해 주시기 바랍니다.

의장님과 주교님들! 이렇게 시간을 끌어
죄송합니다. 저는 오늘 하나님 앞에
너무나 감격하여 눈물이 앞을 가립니다.
예수 그리스도의 신발끈마저
풀 자격이 없는 이 피조물이
예수 그리스도에 대하여
증거할 기회를 주시다니요…
사도 도마의 말을 빌려 말씀드리자면
예수 그리스도는 나의 주시며
나의 하나님이십니다. 주 예수는
우리 모두의 높임을 받으실
하나님이십니다.

요세비우스와 주교들은
아타나시우스의 초안에
공식 서명하는 바입니다.
이제 명백히
결정났습니다.
이제 이 날 이 후로
예수 그리스도의
신성을 온 교회에서
가르칠 것입니다.
예수 그리스도의 신성을 부인하는 자는
누구를 막론하고 교회에서 추방할 것을
하나님 앞에서와 그리고 황제 폐하의
이름으로 이 곳에 모인 감독님들과
주교님들 이름으로 선포하는 바입니다.

아울러 오늘 이 후로
아리우스와 그를 추종하는
주교님들은 모두 성직에서
물러나게 될 것입니다.
이상입니다.
오 주여!!
주님께
영광을
돌립니다.

알렉산드리아의
아타나시우스 시무 교회
아타나시우스 감독님
축하드립니다.
감독이 된 것이
축하받을 일입니까?

하하하 당연한 것 아닙니까?
나는 더 많은 사람들을 섬기는 자리라고 생각할 따름입니다.
역시 감독님은 너무나 겸손하십니다.
우리 이렇게 한가하게 얘기만 할 것이 아니라 저 사람들을 좀 도와 드립시다.

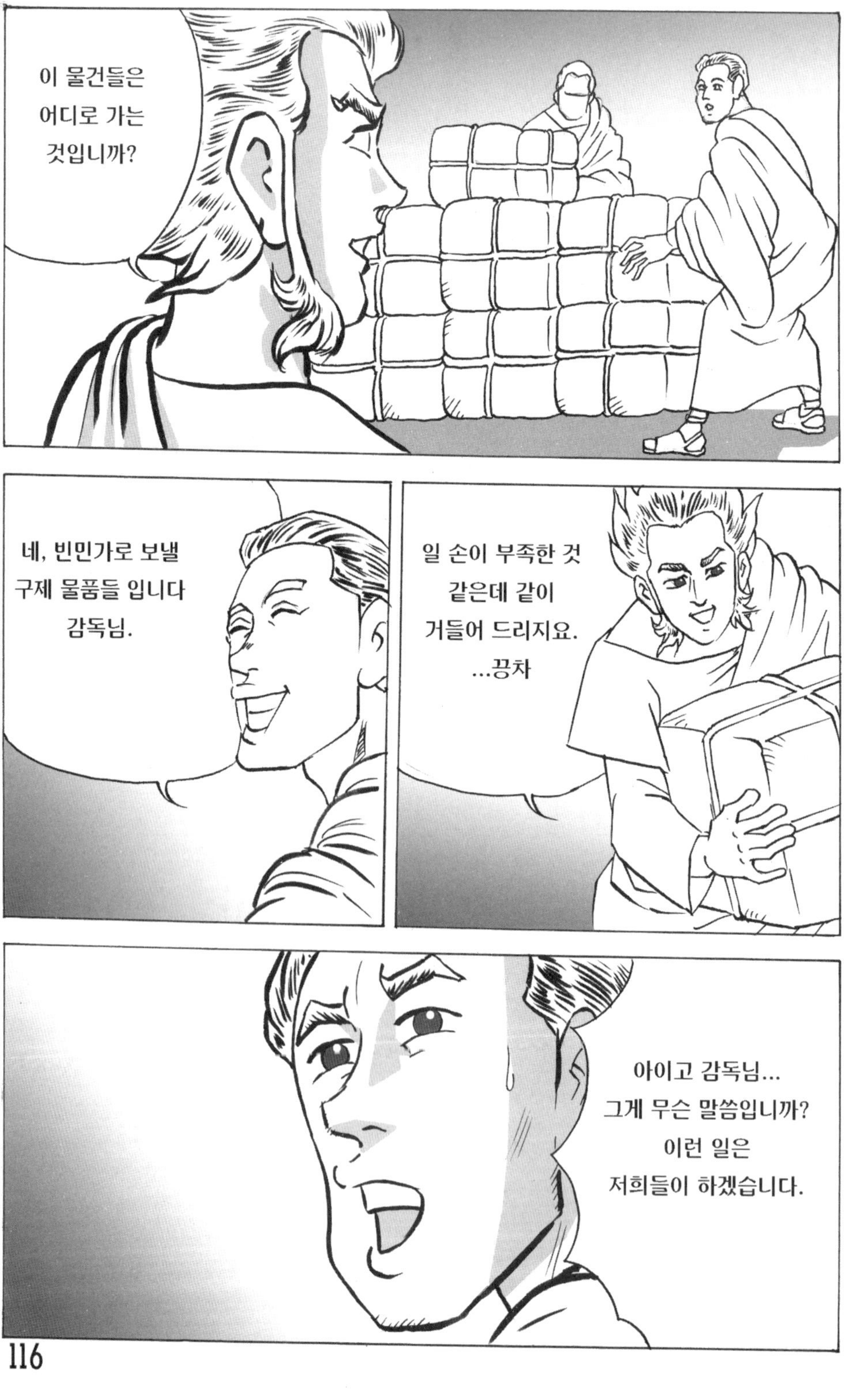

이 물건들은 어디로 가는 것입니까?
네, 빈민가로 보낼 구제 물품들 입니다 감독님.
일 손이 부족한 것 같은데 같이 거들어 드리지요. ...끙차
아이고 감독님... 그게 무슨 말씀입니까? 이런 일은 저희들이 하겠습니다.

섭섭한 말씀 마십시오. 이런 좋은 봉사의 기회를 뺏으시려 하다니... 어딥니까? 앞장 서십시오.
아무렴! 감독님이 친히 일하시는데 구경만 할 수야 있나...
우...우리도 하는 수 없이 짐을 옮기세...
감독님께서 이런 일까지 하실 필요는 없으신데...

아닙니다.
예수님에 비하면
턱없이 부족하지요.
예?
예수님은 창조주시면서도
인간의 모습으로 오셨고
병든 자, 약한 자들의
친구가 되지 않으셨습니까?
하물며 그 분의
은혜를 입은 제가
그 분을 따라야 하는데
아직은 부족한 게
많습니다.

내가...
아타나시우스보다
부족한 게 뭐지?
너무 상심 마십시오.
언젠가는 멜레티우스님도
알렉산드리아의 감독이 되실 수
있을 겁니다.
아니야...그런 날은 오지 않을 것 같아...
아타나시우스는 젊지만 나는
나이가 너무 많아...
나는 변두리의 감독으로
일생을 마치고 마는 건가?

알렉산드리아 감독 회의
니케아 회의 이 후 첫 번째 감독 회의군요.
전례에 따라 알렉산드리아 감독으로서 회의를 진행하게 되었습니다.
아직 연소하고 부족한 것이 많습니다. 감독님들의 지도를 부탁드립니다.

이렇게 회의를 소집한 이유는 니케아 종교 회의 이 후, 분열된 교회를 치유하기 위해서입니다.
예수 그리스도가 창조주이심을 부인했던 사람들이라도 돌이켜 예수 그리스도가 창조주이심을 고백한다면 그들을 받아 들이자는 주장입니다.
의장님! 제 견해를 말씀드리지 않을 수 없군요.
말씀 하십시오!

그들을 추방하기로 한 것은 하나님과 황제, 그리고 모든 교회 앞에서 엄숙히 결정한 사항입니다. 번복이란 있을 수 없습니다.
잘 알고 있습니다. 하지만 추방당한 대부분의 감독님들과 주교님들은 그 안건의 중요성을 인식하지 못하고 결정하신 분들도 많습니다.
그 분들은 구제해야 하지 않겠습니까? 감독님들이 동의하신다면 황제 폐하께 허락을 구한 후 시행하도록 할 방침입니다.

멜레티우스 감독님도
그렇게 생각하십니까?
제 생각도 마찬가지입니다.
아타나시우스는 알렉산드리아의
감독 자격이 없습니다.
그는 너무 어립니다.
언뜻 들으니
니케아 공의회에서의
결정 사항을
마음대로
바꿨다면서요?

아타나시우스는
매우 위험한 인물입니다.
니케아 공의회에서
추방된 사람들을
받아들이고 있습니다.
...도대체 무슨 의도일까요?
더 많은 사람을 자기 편으로
만들려는 수작이겠지요.

저런...!
너무 파렴치한 생각
아닙니까?
원로인 우리들을 무시해도
유분수지...
감정적으로만
대응할 게 아니라
뭔가 확실한 대책을
세워야만 합니다.
무슨 뾰족한
방법이라도
있습니까?
그래서 이렇게 모이시라고 한 겁니다.
무슨 수를 써서라도 아타나시우스를
알렉산드리아의 감독직에서
물러나게 해야 합니다.
좋습니다.
무슨 계획이든
말씀만 하십시오.

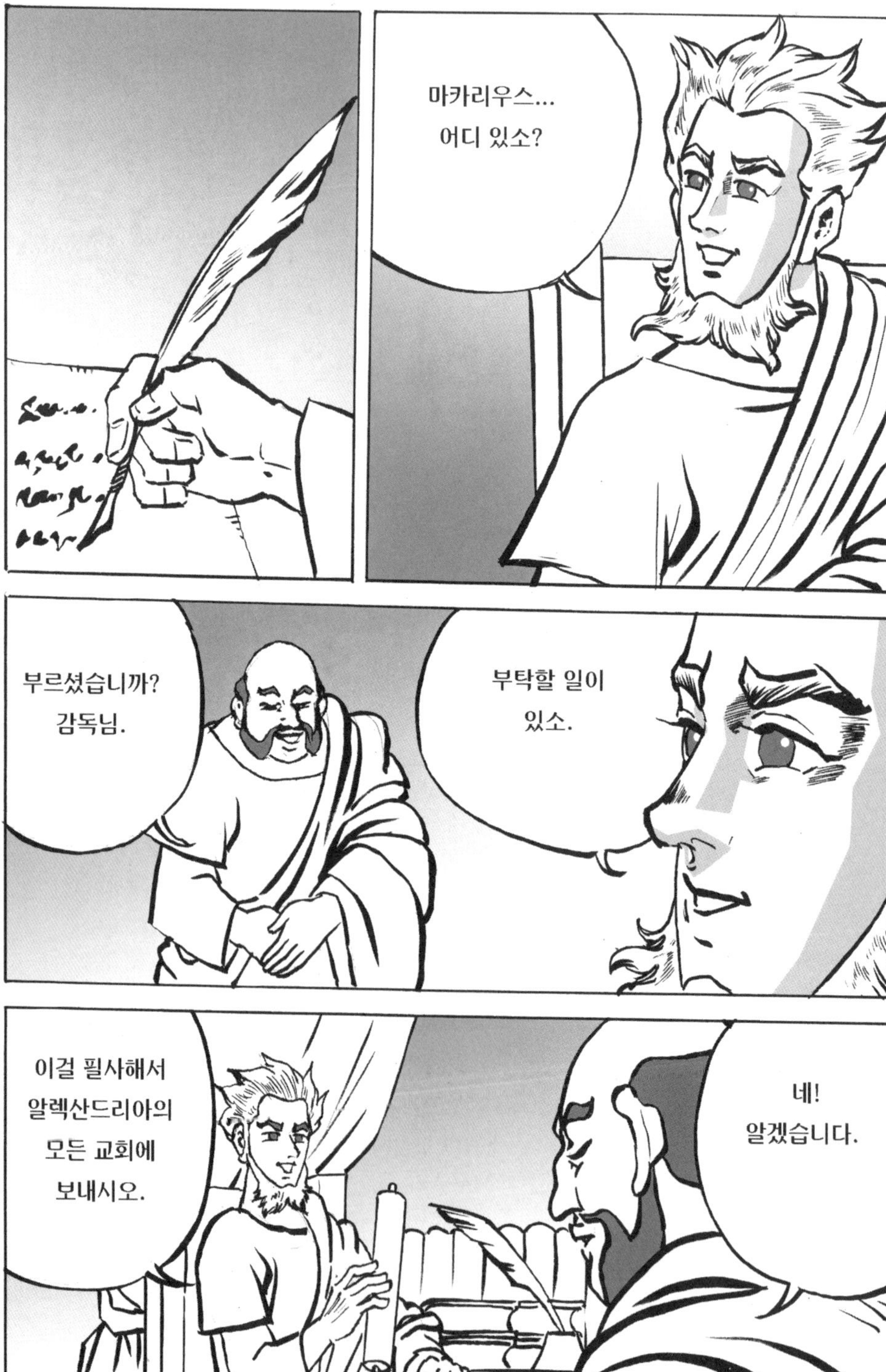
마카리우스...
어디 있소?
부르셨습니까?
감독님.
부탁할 일이
있소.
이걸 필사해서
알렉산드리아의
모든 교회에
보내시오.
네!
알겠습니다.

사랑하는 교회들에게...
진리가 오염되어 가고 있는 혼란한 싯점에 있습니다. 진리에 대한 혼란은 말씀을 잃어 버렸을 때 시작됩니다.

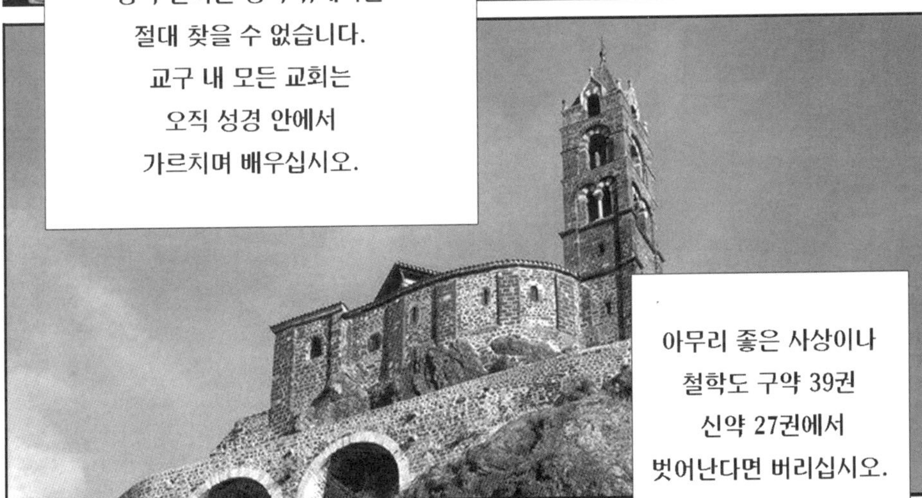
영적 진리는 성격 밖에서는 절대 찾을 수 없습니다. 교구 내 모든 교회는 오직 성경 안에서 가르치며 배우십시오.
아무리 좋은 사상이나 철학도 구약 39권 신약 27권에서 벗어난다면 버리십시오.

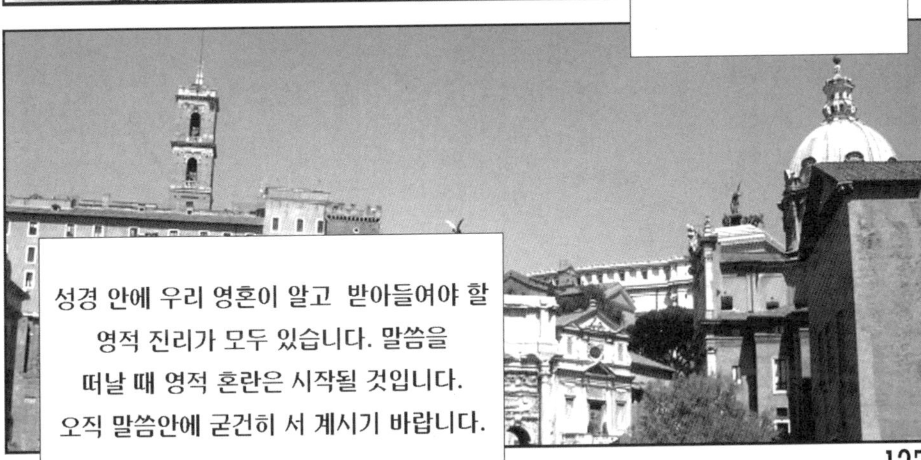
성경 안에 우리 영혼이 알고 받아들여야 할 영적 진리가 모두 있습니다. 말씀을 떠날 때 영적 혼란은 시작될 것입니다. 오직 말씀안에 굳건히 서 계시기 바랍니다.

가...감독님!!
큰 일 났습니다.
침착하신 분이
왜 이러십니까?
두로에서 황제 폐하의
이름으로 소환장이
도착하였습니다.
소환장이라니오?

아르세니우스
살해 건 이외에
몇 가지가
더 있습니다.
살해라뇨?
내가
아르세니우스를
죽이기라도
했단 말입니까?
아르세니우스가
도대체 누구죠?
글쎄요...제가 아는 주교 중에
아르세니우스란 사람이 있긴
한데...어쨌거나 감독님을 궁지에
몰아 넣으려는
모함인 듯 싶습니다.
두로에 가겠습니다.

안됩니다...
이 ,이건
분명히 모함입니다.
그 곳엔 아리우스
무리들 밖에 없습니다.
황제께 먼저
찾아가 뵙는 게
좋을 듯 합니다.
황제의 이름으로
소환했습니다.
가겠습니다.
그 곳에선 황제도
감독님을 위해
힘을 쓸 수 없습니다.
그래도...가겠소 .

두로의 회의장
아타나시우스 감독!
몇 가지 의심스런 혐의가 있습니다.
황제 폐하 앞에서
낱낱이 해명을
해야 합니다.

좋습니다.
내가 해명해야 할
안건은
어떤 것입니까?
황제 폐하!
저는 아타나시우스의
신조에 감명받아
예수 그리스도는
창조주시라는
고백을
하였습니다.
그럼에도 불구하고
아타나시우스 감독은
제가 알렉산드리아로 들어가는 것을
금지하였습니다.
금시초문이오.
당신이 그런 고백을
한 줄 몰랐소!

우리들이 증인이오, 이미 알고 있는 사실을 당신만 모른다니 허무맹랑하지 않소?
설마 설마 했더니 아리우스를 시기한 게 틀림없군, 에잉…
아타나시우스! 너무나 파렴치한 행위를 하였소! 당신의 자리가 위태롭게 느껴져서 그런 것이오?
당신은 지역에서 발생된 살인행위에 대해서도 연루되어 있으며 감독의 명예를 훼손시키고 있소!
엄벌에 처하여 당장 감독의 직위를 박탈함은 물론 유배를 보내야 한다고 보오. 자신의 자리를 지키기 위해 파렴치한 행위를 하는 자를 더 이상 두고 볼 수 없소!
아뿔싸… 오 주여… 제가 덫에 걸렸습니다.

몇 년 후…
알렉산드리아의 감독으로 내정되었던
아리우스님의 갑작스런 죽음으로
부족한 제가 감독직을 맡게 되었습니다.
주교님들이 도와 주셔서
이 알렉산드리아가
명실공히 로마 교회를
이끌어가는 교구가 되도록
최선을 다합시다.

네! 저희들도
최선을 다하겠습니다.
먼저... 확실히 해둘 것이
있습니다. 지금껏 예수 그리스도를
하나님이라 하여 하나님을 폄하하는
설교들이 난무했습니다.
이제 우리 알렉산드리아는
인간을 하나님의 위치에 올려 놓는
신성 모독적인 가르침을 그쳐야 합니다.
아시겠습니까?

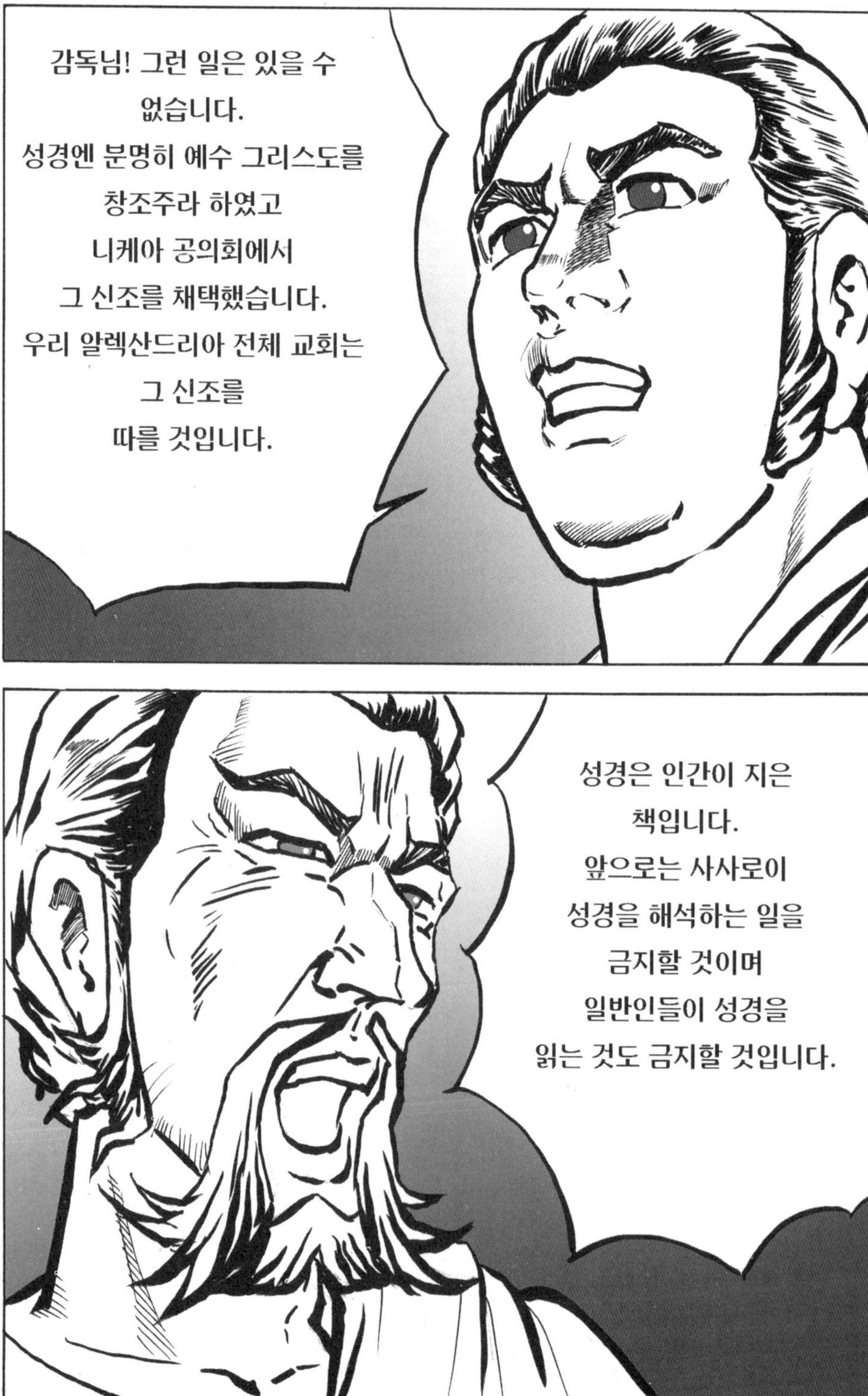
감독님! 그런 일은 있을 수 없습니다.
성경엔 분명히 예수 그리스도를 창조주라 하였고 니케아 공의회에서 그 신조를 채택했습니다.
우리 알렉산드리아 전체 교회는 그 신조를 따를 것입니다.
성경은 인간이 지은 책입니다.
앞으로는 사사로이 성경을 해석하는 일을 금지할 것이며 일반인들이 성경을 읽는 것도 금지할 것입니다.

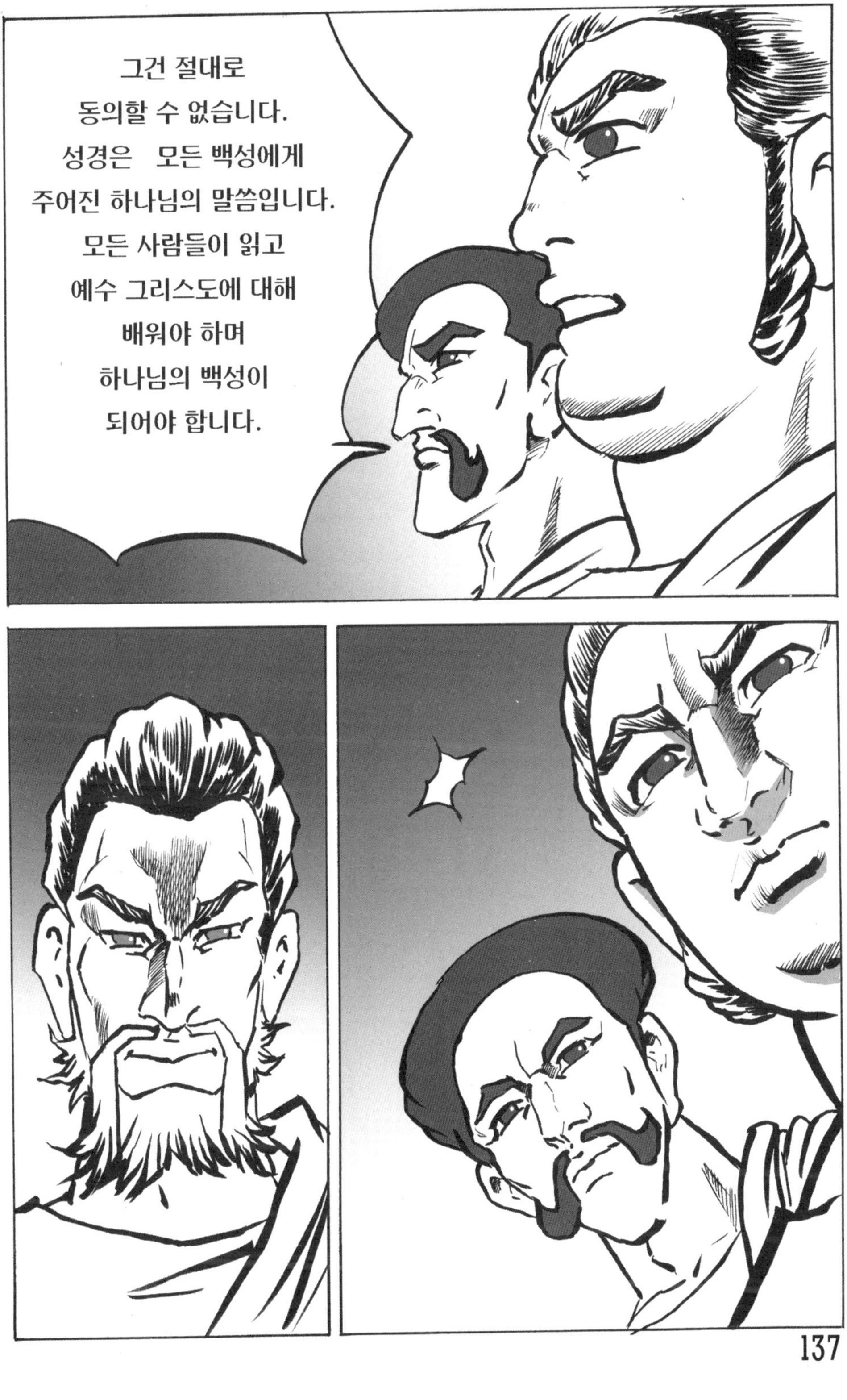
그건 절대로
동의할 수 없습니다.
성경은 모든 백성에게
주어진 하나님의 말씀입니다.
모든 사람들이 읽고
예수 그리스도에 대해
배워야 하며
하나님의 백성이
되어야 합니다.

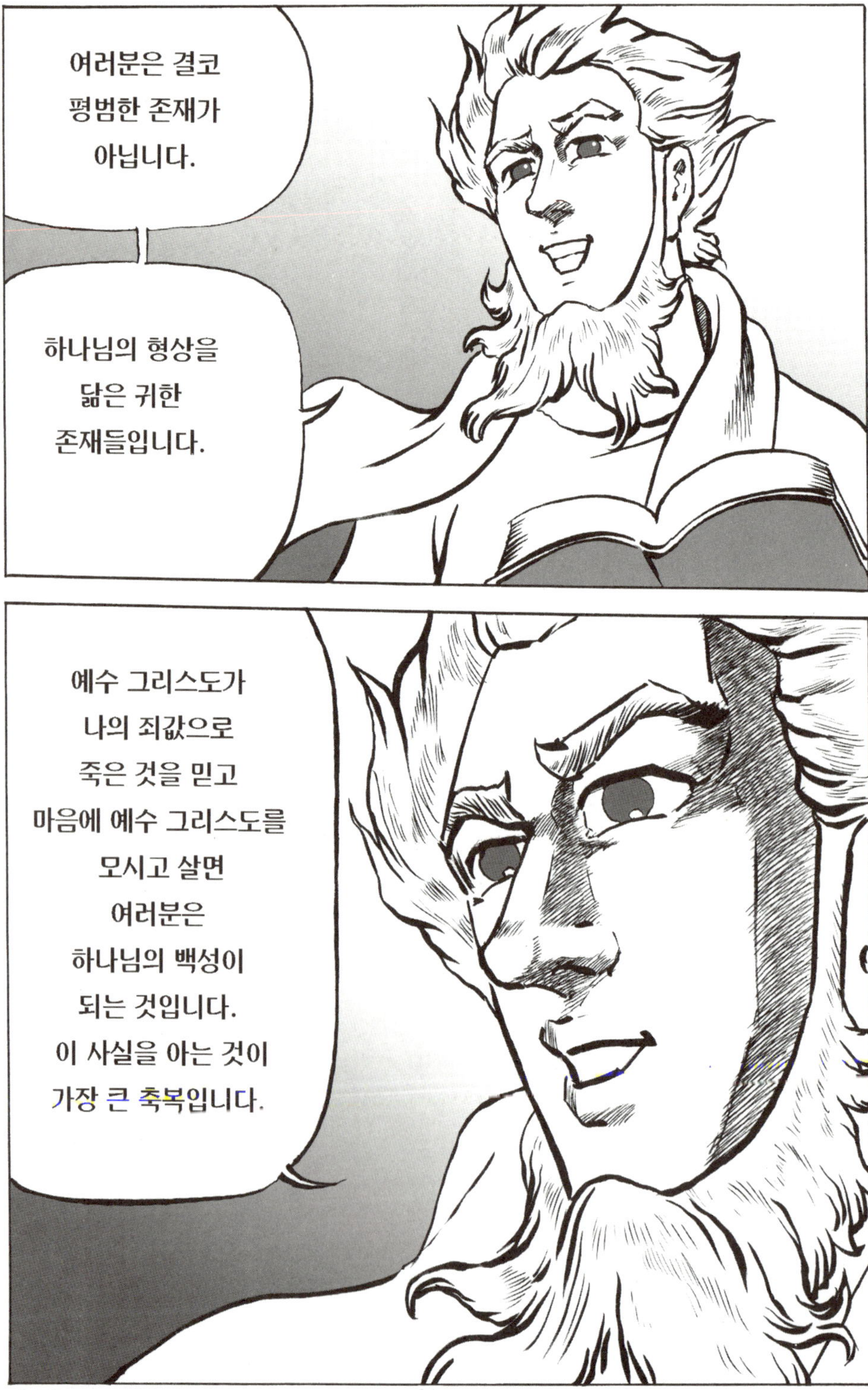

여러분은 결코 평범한 존재가 아닙니다.
하나님의 형상을 닮은 귀한 존재들입니다.
예수 그리스도가 나의 죄값으로 죽은 것을 믿고 마음에 예수 그리스도를 모시고 살면 여러분은 하나님의 백성이 되는 것입니다. 이 사실을 아는 것이 가장 큰 축복입니다.

아멘!
아멘!!
……
자…오늘은
여기까지 하고
내일 또
성경에 대해
공부합시다.

알렉산드리아
성도님들이
성경의 진리 안에
굳게 서 있다니
다행한 일이오.

꼭 그렇지 만은 않습니다... 새 감독의 의지도 완강하기 짝이 없어서 조만간 성도들의 손에서 성경을 빼앗을 것입니다.
그렇다고 해서 성경이 사라지는 것은 아닙니다. 그것은 우리에게 향하신 하나님의 뜻이 아니기 때문입니다.
지금 알렉산드리아와 로마 교회에 엄청난 먹구름이 몰려들고 있습니다.

아직은 새 감독이 모든 주교들로부터 따돌림을 받고 있지만 황제의 권위를 등에 업고 자신의 뜻을 관철시킬 것입니다.
그렇게 되면 성경이 변질되고 잊혀질 것입니다.
아타나시우스님은 영원한 알렉산드리아의 감독이십니다. 알렉산드리아로 돌아 오십시오. 모든 주교님들이 손꼽아 기다리고 있습니다.

이제 나에게
허락된 곳은
이 곳 입니다.
이 곳에서
묵묵히
하나님의 말씀을
뿌릴 뿐입니다.
설령 황제폐하의 권위를
힘입어 모든 성도들의 손에서
성격을 빼앗는다 하여도
그 것은 일시적인 것입니다.
변질되었던 것들도
하나님의 은혜안에서
새로와질 것이며
모든 사람들이
하나님의 말씀을
즐거워할 것입니다.

왜냐하면
하나님의 말씀은
살아 역사하는
생명력과
운동력이 있기
때문입니다.
마카리우스
여기까지 오신 것은
고마운 일이나
평안히 돌아 가셔서
나의 뜻을
잘 펼쳐 주시기
바라오.
오직 성경!
말씀안에서만
해답을 찾기
바라오.
그럼...이만...

아타나시우스...
당신의
그 숭고한 뜻은
결코 헛되지 않을
것입니다.
결코...
감사합니다.

인카네이션

은부밀
성서 만화 디자이너
다윗왕1-4 마가렛 출판(한영 동시 수록)
천지창조 마가렛 출판
화중가인(보물지도)
흑진주 (보물지도)
비전의 큰 인물 다니엘(진행)
에스더의 죽으면 죽으리라(진행)
나의 연인 레베카
성서케릭터 100인
어린이 성서 전 3권(진행)
ghkdtlf@empal.com

글	김원민
그림	은부밀
발 행 인	성시선
발 행 일	2010,3,22
등록번호	충남예산 제1호
발 행 처	보물지도
주 소	충남 예산군 고덕면 호음2리 6번지
우편번호	340-934
전 화	041-338-0268
팩 스	041-338-5480
홈페이지	www.bomuljido.co.kr
I S B N	978-89-950929-9-6 07230
책 가 격	3,500원

보물지도 홈페이지에 무료만화전도지가 있습니다.